A Titularidade dos Direitos Fundamentais
na Constituição Federal de 1988

N972t   Nunes, Anelise Coelho
         A titularidade dos direitos fundamentais na Constitui-
    ção Federal de 1988 / Anelise Coelho Nunes. – Porto Ale-
    Alegre: Livraria do Advogado Ed., 2007.
         126 p.; 14 cm.

         ISBN 85-7348-450-0

              1. Direitos e garantias fundamentais. 2. Constituição.
    I. Título.

                                                      CDU - 342.7

              Índices para o catálogo sistemático:

         Constituição
         Direitos e garantias fundamentais

         (Bibliotecária responsável: Marta Roberto, CRB-10/652)

Anelise Coelho Nunes

A Titularidade dos Direitos Fundamentais
na Constituição Federal de 1988

livraria
DO ADVOGADO
editora

Porto Alegre, 2007

©Anelise Coelho Nunes, 2007

Capa, projeto gráfico e diagramação de
Livraria do Advogado Editora

Revisão
Rosane Marques Borba

Direitos desta edição reservados por
Livraria do Advogado Editora Ltda.
Rua Riachuelo, 1338
90010-273 Porto Alegre RS
Fone/fax: 0800-51-7522
editora@livrariadoadvogado.com.br
www.doadvogado.com.br

Impresso no Brasil / Printed in Brazil

Dedico este trabalho aos meus
grandes amores,
Daniel, Henrique e Elisa,
pelo incentivo, companheirismo,
carinho e alegrias – que bem sabemos
compartilhar.

Agradecimento especial ao
Dr. Ingo Wolfgang Sarlet,
por sua motivação, por sua compreensão,
por suas sempre sábias palavras
e seus ensinamentos precisos.

Toda sociedade em que não estiver assegurada a garantia dos direitos, nem estabelecida a separação dos poderes, não possui Constituição.

Artigo 16, Declaração dos Direitos do Homem e do Cidadão. França, 26/08/1789.

Prefácio

O texto que ora tenho a grata ocasião de prefaciar consiste no texto revisto e atualizado da dissertação de mestrado apresentada pela autora, Professora e Mestre Anelise Coelho Nunes, na Faculdade de Direito da Pontifícia Universidade Católica do Rio Grande do Sul. A temática – A Titularidade dos Direitos Fundamentais na Constituição Federal de 1988 –, em que pese a sua inequívoca relevância e o tratamento destacado que lhe tem sido outorgada em outras ordens jurídicas, notadamente no que diz respeito no âmbito da dogmática e da jurisprudência constitucional alemãs, entre nós tem recebido de modo geral apenas um tímido tratamento, de tal sorte que atual e extremamente oportuna a publicação do presente trabalho, que deverá contribuir para o desenvolvimento do debate qualificado sobre o assunto. Com efeito, considerando que em matéria de titularidade de direitos fundamentais a tendência contemporânea é da afirmação do princípio da universalidade, que também diz com a crescente aproximação entre os direitos humanos (aqui compreendidos como reconhecidos e protegidos no plano do direito internacional) os direitos fundamentais (com assento constitucional expresso ou implícito), mas que encontra seu fundamento primeiro na dignidade da pessoa humana e na igualdade em direitos que a esta é inerente, importa discutir a exegese mais apropriada da previsão textual inserida no *caput* do artigo 5º da Constituição Federal de 1988, de acordo com a qual os direitos e garantias fundamentais são reconhecidos apenas aos brasileiros e estrangeiros residentes no Brasil. A autora, sensibilizada com a questão, após discorrer sobre alguns aspectos gerais da teoria dos direitos fundamentais e sem descuidar de algumas definições e considerações sobre a evolução constitucional pretérita e algumas experiências estrangeiras, enfatiza precisamente a atual sistemática constitucional brasileira, não deixando de discorrer sobre a titularidade de direitos fundamentais por parte das pessoas jurídicas e dos entes despersonalizados, apresentando uma visão afinada com a moderna dogmática constitucional nesta seara, na perspectiva de que a interpretação extensiva da titularidade dos direitos fundamentais é também exigência do mandamento constitucional de sua máxima eficácia e proteção.

Assim, e na tentativa de permanecermos fiéis ao nosso propósito de não efetuar uma digressão sobre a temática versada nesta obra, frustrando o contato imediato do leitor com o texto da autora, importa destacar, ainda, que o trabalho que ora se publica é fluído e de agradável leitura, facilitando a compreensão de toda a gama de questões enfrentadas, além de revelar a independência e autonomia intelectual da autora na defesa de seus pontos de vista e do modo de formatação do texto. Enfim, cuida-se de trabalho elaborado com a seriedade e os cuidados de quem leva a sério a causa dos direitos fundamentais e da dignidade da pessoa humana.

Para finalizar, só nos resta almejar que o autor e sua obra venham a alcançar o merecido sucesso, notadamente com a acolhida ampla deste texto no meio acadêmico e profissional.

Porto Alegre, setembro de 2006.

Prof. Dr. Ingo Wolfgang Sarlet

Sumário

Introdução 15

1. Direitos Fundamentais: noções gerais 21
   1.1. Considerações preliminares 21
   1.2. Dimensões históricas 30
   1.3. Classificação 34
      1.3.1. Direitos Fundamentais em sentido formal e
         sentido material 34
      1.3.2. A dupla dimensão objetiva e subjetiva dos
         direitos fundamentais 37

**2. A Titularidade dos Direitos Fundamentais: algumas
questões preliminares** 41
   2.1. Definições nas esferas terminológica e conceitual 41
   2.2. A titularidade dos direitos fundamentais nas
      Constituições brasileiras 50
   2.3. A titularidade dos direitos fundamentais em
      perspectiva comparada constitucional 57

**3. A problemática do alcance da titularidade no Direito
Constitucional brasileiro** 71
   3.1. Considerações preliminares 71
   3.2. A Pessoa Física 72
      3.2.1. Os Brasileiros 76
      3.2.2. Os Cidadãos 78
      3.2.3. Os Estrangeiros 79
   3.3. A Pessoa Jurídica 87
   3.4. Os entes despersonalizados 99
   3.5. A interpretação quanto ao reconhecimento dos titulares 103

Considerações finais 109

Bibliografia 113

Introdução

Hodiernamente, inconcebível está a existência de qualquer Estado Democrático de Direito que ande longinquamente à distância dos direitos fundamentais.

Na busca incessante pelo bem comum, os Estados modernos têm reconhecido, objetiva e positivamente, um núcleo de direitos fundamentais em suas Constituições, ou, pelo menos, aderido a algum dos principais pactos internacionais relativos aos direitos fundamentais.

Certamente que o reconhecimento e a adoção legislativa-constitucional dos direitos fundamentais pelos Estados modernos ocorreu em função de um amplo, irrestrito e histórico desenvolvimento, o qual é inerente à evolução do próprio homem.

Segundo o ensinamento de Jacques Robert, a ideologia cristã e a concepção dos direitos naturais foram os principais responsáveis a ensejar inspiração para o surgimento das declarações de direitos.[1]

Entre as várias declarações de direitos, a mais conhecida é a Declaração dos Direitos do Homem e do Cidadão, de 26 de agosto de 1789, ainda em vigor na França – por força do preâmbulo da Constituição de 1958, como ocorria com a de 1946. Manoel Gonçalves Ferreira Filho refere que sua importância decorre do

---

[1] Jacques Robert (*Libertés Publiques*, p. 32 e ss.).

A Titularidade dos Direitos Fundamentais   **15**

fato de ter servido, por um século e meio, como modelo de excelência para a elaboração de outras declarações, e ainda hoje ser merecedora do respeito e da reverência dos que se preocupam com a liberdade e com os direitos do homem.[2]

A partir do surgimento, e, também, da evolução de várias declarações de direitos, sob forte influência da declaração francesa, muitas Constituições do mundo moderno passaram a apresentar e, hoje, apresentam, normalmente no início de seus textos, um catálogo específico à disciplina dos direitos fundamentais – como é o caso de nossa Carta Magna de 1988, em seu Título II (Dos Direitos e Garantias Fundamentais).

No entanto, entendemos importante refletir que não basta a existência, o reconhecimento e a garantia dos direitos fundamentais, mas também é essencial que se estabeleça, pelo enunciado da norma constitucional, a delimitação do sujeito ativo desses direitos, que é o titular dos direitos fundamentais.

Nesse sentido, com o ensinamento de Robert Alexy, observamos que, ao titular de um direito fundamental, ocorre a possibilidade de imposição judicial de seus interesses juridicamente tutelados perante o destinatário ("obrigado").[3] Portanto, o direito subjetivo consagrado por uma norma de direito fundamental se manifesta por uma relação trilateral que envolve o titular, o objeto e o destinatário do direito.

Assim, com base nessas considerações, podemos nos certificar quanto à necessidade e relevância da determinação dos titulares dos direitos fundamentais, além do fato de que a norma do *caput* do artigo 5º da Constituição Federal assegura os direitos fundamentais aos brasileiros e aos estrangeiros residentes no País – o

---

[2] Manoel Gonçalves Ferreira Filho (*Direitos humanos fundamentais*, p. 19).

[3] Robert Alexy (*Teoria de los derechos fundamentales*, p. 244).

que, segundo Manoel Gonçalves Ferreira Filho, se trata de um defeito antigo, pois, segundo o autor, "quase pode-se dizer tradicional, já que a fórmula aparece na Constituição de 1891 (art. 72), repete-se em 1934 (art. 113), em 1937 (art. 122), em 1946 (art. 141), em 1967 (art. 150) e na Emenda nº 1/69 (art. 153). E a Carta de 1824 apenas os reconhecia aos cidadãos brasileiros".[4]

Portanto, é inegável a existência de uma problemática envolvendo a titularidade dos direitos fundamentais, mesmo que esses direitos não sejam exercidos, e, ainda, que não seja nada recomendável que façamos uma interpretação literal da norma do *caput* do artigo 5º de nossa Constituição.

Ademais, a fim de buscarmos um entendimento ante essas considerações, faz-se importante promovermos distinção entre os titulares e os destinatários dos direitos fundamentais.

Enquanto os primeiros se referem aos sujeitos ativos dos direitos fundamentais, os segundos, por sua vez, consistem nos sujeitos passivos, nos detentores de obrigações oriundas das relações jurídicas de direitos fundamentais.

Diante disso, devemos partir da noção de direitos fundamentais, além de procurar investigar se eles são garantidos apenas à pessoa física, ou à pessoa jurídica também, e, inclusive, aos entes despersonalizados.

E, se assegurados somente à pessoa física, seriam todas as pessoas físicas, os titulares, ou apenas algumas, considerando que a norma do *caput* do art. 5º de nossa Carta Magna faz menção apenas aos brasileiros e aos estrangeiros residentes no País, ainda que a regra do § 2º do referido dispositivo constitucional[5] lhe amplie o

---

4 Manoel Gonçalves Ferreira Filho (*op. cit.*, p.29).

5 Trata-se do "catálogo materialmente aberto", segundo o ensinamento de Ingo Wolfgang Sarlet (*A Eficácia dos Direitos Fundamentais*, p. 81 e ss.).

A Titularidade dos Direitos Fundamentais

alcance ao estabelecer que não são excluídos, aos direitos e garantias expressos na Constituição, outros decorrentes do regime e dos princípios por ela adotados, ou dos tratados internacionais em que a República Federativa do Brasil seja parte. Além de tais aspectos, essa regra que se aplica aos titulares, segundo a Carta Magna, se refere, mais especificamente, aos direitos individuais, visto que está inserida no capítulo que leva esse nome (Capítulo I – Dos direitos e deveres individuais e coletivos).

Todavia, entendemos que a norma desse artigo detém aplicação aos direitos fundamentais como um todo, e não só aos direitos individuais,[6] por localizarem-se, na Constituição, dentro do Título denominado Dos Direitos e Garantias Fundamentais – da mesma forma que a doutrina reconhece que não só os direitos individuais são cláusulas pétreas, mas os direitos fundamentais como um todo,[7] ainda que a respectiva norma do inciso IV do § 4° do art. 60 faça menção apenas aos direitos e garantias individuais.[8]

---

[6] Devemos, nesse contexto, considerar, também, que dos direitos individuais é que se originaram todos os demais direitos fundamentais, como os coletivos, sociais, à nacionalidade e direitos políticos.

[7] Josaphat Marinho (*Direitos e garantias fundamentais*, p. 7): "É importante indagar, a exemplo, se os direitos sociais participam da mesma natureza dos direitos individuais, para o efeito de considerá-los imunes à ação reformadora. A Constituição de 1988 não os colocou, nomeadamente, sob igual proteção (art. 60, § 4°, IV), porém os situou no mesmo Título – Dos Direitos e Garantias Fundamentais – e cumpre ver a destinação deles de resguardar a dignidade da pessoa humana".

[8] A título exemplificativo, os dizeres de José Afonso da Silva (*Curso de Direito Constitucional Positivo*, p. 69 e 70): "Assim também, quando a Constituição Federal enumera matérias de direitos fundamentais como insuscetíveis de emendas, há de se tomar essa postura como inadmitindo hipóteses de limitação implícita". Como referimos anteriormente, é provável que essa referência constitucional ocorra pelo fato de que a origem dos direitos fundamentais se encontra justamente nos direitos e garantias individuais, pois estes foram os precursores de todos os demais, e, assim, se justifique o enunciado dessa norma constitucional.

Portanto, quanto à regra do cabeça do art. 5º, faz-se necessário um trabalho de interpretação extensiva, e, sempre, sistemática. Pois, pela hermenêutica jurídica, e, também, pela lógica, o mencionado capítulo encontra-se dentro do referido título, o que acaba por demonstrar uma regra de hierarquia.[9]

Porém, ainda que ressaltemos o fato de a mencionada norma da Constituição brasileira referir-se apenas aos brasileiros e aos estrangeiros residentes no País, diversamente, em uma análise de estudo promovido no Direito Constitucional Positivo Comparado, encontramos as mais variadas expressões, como a garantia à pessoa física, ou só à "pessoa", ou só ao nacional, ou ainda, na maioria das vezes, só ao cidadão.

Sob outra ótica, a que respeita à internacionalização dos direitos fundamentais, como quer Manoel Gonçalves Ferreira Filho,[10] o qual chega a falar em "direitos humanos fundamentais", é claro que também se deve entender que a garantia dos direitos fundamentais se concede à pessoa em sentido lato, ou seja, considerando tanto a pessoa física como a jurídica, como pensamos, ainda que os direitos fundamentais, em sentido próprio, como estabelece Carl Schmitt, constituam essencialmente os direitos individuais do homem livre,[11] e, em conseqüência, os direitos que ele tem frente ao Estado, decorrendo o caráter absoluto da pretensão, cujo exercício independe de previsão em legislação infraconstitucional, objetivando-se sua imutabilidade jurídica e política.

---

9 Nesse sentido, Juarez Freitas (*A interpretação sistemática do Direito*, p. 80 e ss) expõe que uma interpretação sistemática implica sempre uma hierarquização axiológica, a qual se relaciona, intrinsecamente, ao princípio da unidade da Constituição.

10 A expressão "direitos humanos fundamentais" trata, também, do nome de uma obra desse autor.

11 Carl Schmitt (*Teoría de la Constitución*, p. 190).

A Titularidade dos Direitos Fundamentais

Em vista disso, a universalidade da titularidade apresenta-se como característica da aplicação dos direitos fundamentais, além de princípio de suas normas, e, nesse sentido, é que devemos procurar reconhecer os seus titulares.

1. Direitos Fundamentais: noções gerais

1.1. Considerações preliminares

Primeiramente, cabe-nos considerar a importância da Carta Magna de 1988 como verdadeiro marco jurídico de transição ao regime democrático, ressaltando a significativa amplitude da seara dos direitos e garantias fundamentais – o que, de fato, alçou nossa Carta Maior a posicionar-se, acerca da matéria, ao lado das Constituições mundiais mais modernas.

Podemos dizer, genericamente, que os direitos fundamentais abarcam os direitos humanos "constitucionalizados", considerando que, no entendimento de José Joaquim Gomes Canotilho, os direitos fundamentais são "os direitos do homem, jurídico-institucionalmente garantidos e limitados espacio-temporalmente", enquanto os direitos humanos, ou direitos do homem, como gênero humano, são "direitos válidos para todos os povos e em todos os tempos".[12]

Assim, Bidart Campos estabelece que "los derechos humanos, una vez transvasados a la normativa constitucional, se convierten en derechos fundamentales".[13]

---

[12] Expressões de José Joaquim Gomes Canotilho (*Direito Constitucional e Teoria da Constituição*, p. 359).

[13] Bidart Campos (*Teoria general de los derechos humanos*, p. 316).

No mesmo sentido, Pérez Luño prevê que "los derechos fundamentales son aquellos derechos humanos garantizados por el ordenamiento jurídico positivo, en la mayor parte de los casos, en su normativa constitucional y que suelen gozar de una tutela reforzada".[14]

Ainda sob esse aspecto, Castán Tobeñas também se pronuncia:

> Los derechos fundamentales son los reconocidos como tales a través de un determinado ordenamiento jurídico, estimado en su totalidad normativa. Los derechos fundamentales vienen a ser, de un modo especial, los constitucionalmente enunciados como tales, o lo que es igual, los dotados de las amplias garantías que ofrecen los textos constitucionales, aunque pueden no tener cabal desarrollo en el ordenamiento legislativo ordinario.[15]

Ainda na esteira do entendimento de José Joaquim Gomes Canotilho,[16] os direitos fundamentais, em conjunto com a juridicidade e a constitucionalidade, consistem nos três pilares do princípio do Estado de Direito, o que percebemos amplamente consagrados ao longo de todo o texto da Constituição de 1988, principalmente nos fundamentos do Estado Democrático de Direito, da cidadania e da dignidade da pessoa humana (art. 1º, incisos II e III), onde verificamos o encontro entre o princípio do Estado Democrático de Direito e os direitos fundamentais, o que torna clara a noção de que os direitos fundamentais constituem elemento básico para a realização do princípio democrático, haja vista que exercem uma função democratizadora.

Portanto, como elemento essencial à democracia, também é certo que os direitos fundamentais cumprem

---

[14] Pérez Luño (*Los derechos fundamentales*, p. 46).

[15] *apud* Óscar Rodríguez Olvera (*Teoría de los derechos sociales en la Constitución abierta*, p. 195).

[16] Conforme José Joaquim Gomes Canotilho (*op. cit.*, p. 359 e ss.): "Independentemente das densificações e concretizações que o princípio do Estado de direito encontra implícita ou explicitamente no texto constitucional, é possível sintetizar os pressupostos materiais subjacentes a este princípio da seguinte forma: 1) juridicidade; 2) constitucionalidade; 3) direitos fundamentais".

a função de conceder legitimidade ao regime político – democrático[17] – pois quanto mais um Estado os consagra e procura torná-los eficazes, mais legitimidade adquire perante a comunidade internacional e, por conseguinte, será considerado menos democrático e menos legítimo o regime político que desrespeitar e propiciar agressão aos direitos fundamentais.

Desse modo, protegendo os indivíduos e as minorias, os direitos fundamentais impedem que o critério da maioria seja convertido em princípio absoluto e irrestrito, desviando a função legitimadora da soberania popular, como também entende Pontes de Miranda.[18]

Outro aspecto a ser considerado, quanto à noção de direitos fundamentais, se refere ao próprio adjetivo "fundamentais", que, além de qualificar esses direitos,[19] indica sua importância na atual sociedade mundial, inclusive estabelecendo, ao Poder Público, limitações, como, também, determinando os fins de sua atividade.

À guisa de uma conceituação, certamente encontramos, em matéria de direitos fundamentais, expressões que buscam oferecer o mesmo significado atribuído a eles, tais como "direitos humanos", "direitos do homem", "liberdades fundamentais" e "liberdades públicas", entre outros, quando a própria doutrina vem alertar a respeito de uma ausência de consenso na

---

17 Democracia deve ser entendida como o regime político que, além de adotar o critério da maioria para tomada de decisões numa sociedade pluralista, reconhece o respeito à liberdade de expressão individual e das minorias.

18 Segundo Pontes de Miranda (*Democracia, liberdade, igualdade*, p. 37-38): "Os direitos fundamentais protegem a minoria da maioria eventualmente eleita no sentido de que amparam os que votaram e perderam, e os que não puderam votar ou não votaram".

19 Peter Häberle (*Le Libertá Fondamentale nello Stato Constituzionale*, p. 39 e ss.) indica a importância do adjetivo "fundamentais" para qualificar os direitos fundamentais como elementos básicos para a estruturação dos sistemas jurídico e político.

terminologia utilizada, e a necessidade, para fins de um estudo mais preciso, de uma unificação.[20]

Embora comumente usados como sinônimos, direitos humanos e direitos fundamentais se diferenciam quanto a sua aplicação, pela doutrina, quando o primeiro busca referir "os direitos do ser humano reconhecidos e positivados na esfera do direito constitucional positivo de determinado Estado", enquanto o termo *direitos humanos* relaciona-se com as "posições jurídicas que se reconhecem ao ser humano como tal, independentemente de vinculação a uma determinada ordem constitucional, e que, portanto, aspiram à validade universal, para todos os povos e tempos, de tal sorte que revelam um inequívoco caráter supranacional (internacional)".[21]

Nesse contexto, magistral é a lição de Paulo Bonavides, quanto à mencionada questão terminológica:

> Temos visto nesse tocante o uso promíscuo de tais denominações na literatura jurídica, ocorrendo, porém, o emprego mais freqüente de direitos humanos e de direitos do homem entre os autores anglo-americanos e latinos, em coerência, aliás, com a tradição e a história, enquanto a expressão direitos fundamentais parece ficar circunscrita à preferência dos publicistas alemães.[22]

Desse modo, podemos, mais uma vez, afirmar, como antes afirmamos, genérica e, até mesmo, pode-se dizer, corriqueiramente, que os direitos fundamentais consistem nos direitos humanos "constitucionalizados", isto é, previstos na Lei Maior de um determinado Estado. E, em virtude disso, não é demasiado repetir que os direitos fundamentais consagram os direitos humanos "constitucionalizados".

---

[20] Nesse sentido, com propriedade, cabe a observação de Ingo Wolfgang Sarlet (*A Eficácia dos Direitos Fundamentais*, p. 29) quanto à diversidade de expressões e à necessidade de unificação.

[21] Conforme os esclarecimentos de Ingo Wolfgang Sarlet (*op. cit.*, p. 31), esse é o entendimento de J.J. Gomes Canotilho, M.L. Cabral Pinto e E.Pereira de Farias.

[22] Paulo Bonavides (*Curso de Direito Constitucional*, p. 472).

Todavia, mesmo assim, há quem prefira utilizar a expressão "direitos humanos fundamentais", como Manoel Gonçalves Ferreira Filho,[23] Celso Antônio Pacheco Fiorillo,[24] e, antes desses, Eduardo Espínola.[25] Importante também referir, e distinguir dos direitos humanos e dos direitos fundamentais, a expressão "direitos do homem", considerando que alcança todos os direitos naturais, ou seja, os direitos naturais em sentido amplo, não necessariamente positivados ou vinculados a uma dada ordem jurídica.[26]

Ainda, para termos noção da diversidade terminológica que se apresenta, em nossa própria Constituição, encontramos expressões como "direitos humanos" (norma do art. 4º, II); "direitos e garantias fundamentais" (Título II e norma do art. 5º, § 1º), "direitos e liberdades constitucionais" (norma do art. 5º, LXXI) e "direitos e garantias individuais" (norma do art. 60, § 4º, IV).

Sob outro aspecto, devemos ressaltar que "direitos e garantias fundamentais" (epígrafe do Título II) consiste no gênero, empregado por nossa Carta Magna,[27] de que são espécies ou categorias de direitos fundamentais os direitos e deveres individuais e coletivos (Capítulo I), os direitos sociais (Capítulo II), os direitos à nacionali-

---

[23] Manoel Gonçalves Ferreira Filho prefere essa denominação, em sua obra de mesmo nome. (*op. cit.*, p. 14).

[24] Celso Antônio Pacheco Fiorillo, no mesmo sentido, adota tal expressão (*Direitos Humanos Fundamentais*, p. 10).

[25] Eduardo Espínola utilizou a expressão em sua obra, publicada em 1946 (*A nova Constituição do Brasil*, p. 398).

[26] Ingo Wolfgang Sarlet (*op. cit.*, p. 31).

[27] Segundo José Afonso da Silva (*op. cit.*, p. 197), trata-se da chamada classificação constitucional dos direitos fundamentais, considerando que abarca apenas os direitos fundamentais previstos nas nossas normas constitucionais. Portanto, não chega a incluir – e nem haveria tal possibilidade – os decorrentes da abrangência do entendimento da norma do § 2º do art. 5º da Constituição. Ademais, os direitos fundados nas relações econômicas, apesar de não integrarem essa classificação, não podem ser merecedores de desconsideração (norma dos arts. 170 a 192 da Constituição). Conforme o referido autor, deveriam encontrar espaço entre os direitos fundamentais sociais (Idem, p. 187).

A Titularidade dos Direitos Fundamentais

dade (Capítulo III), os direitos políticos (Capítulo IV) e partidos políticos (Capítulo V).

Também quanto ao uso da expressão *direitos fundamentais*, Ingo Wolfgang Sarlet esclarece que o Constituinte brasileiro teve inspiração, principalmente, na Lei Fundamental da Alemanha e na Constituição portuguesa de 1976, interrompendo uma tendência tradicional em nosso direito constitucional:

> Na Constituição de 1824, falava-se nas "Garantias dos Direitos Civis e Políticos dos Cidadãos Brasileiros", ao passo que a Constituição de 1891 continha simplesmente a expressão "Declaração de Direitos" como epígrafe da Secção II, integrante do Título IV (Dos cidadãos brasileiros). Na Constituição de 1934, utilizou-se, pela primeira vez, a expressão "Direitos e Garantias Individuais", mantida nas Constituições de 1937 e de 1946 (integrando o Título IV, da Declaração de Direitos), bem como na Constituição de 1967, inclusive após a Emenda nº 1 de 1969, integrando o Título da Declaração de Direitos.[28]

A partir do que pode ser considerado inovação em nosso modelo constitucional, dois aspectos devem ser respeitados[29] a fim de construirmos uma conceituação em torno dos direitos fundamentais. Tratam-se de dois critérios, formal e material, que concorrem para definir a fundamentalidade do direito.

O primeiro aspecto refere-se à questão da fundamentalidade formal, a qual detém intrínseca relação com o direito constitucional positivo, pois, apesar do conteúdo materialmente constitucional das normas de direitos fundamentais, elas também têm a "forma" de normas constitucionais, como parte integrante da Constituição, e, por isso mesmo, pela qualidade de normas constitucionais, por sua posição normativa, gozam de supremacia no ordenamento jurídico, sujeitando-se às

---

[28] Esta a lição de Ingo Wolfgang Sarlet (*op. cit.*, p. 30).

[29] Segundo Robert Alexy (*op. cit.*, p. 242), a característica da fundamentalidade está intrínseca à noção de direitos fundamentais, assim como para J. J. Gomes Canotilho (*op. cit.*, p. 509), o qual declara que a fundamentalidade "aponta para a especial dignidade e protecção dos direitos num sentido formal e num sentido material".

26   *Anelise Coelho Nunes*

limitações oriundas de um processo de rigidez constitucional (norma do art. 60 da CF),[30] além de sua aplicação imediata (norma do art. 5º, § 1º da CF).

O segundo aspecto, por sua vez, trata da questão da fundamentalidade material, uma vez que os direitos fundamentais integram a Constituição (material), por seu conteúdo pertencer ao corpo fundamental de uma Constituição,[31] [32] além de permitir, pelo direito constitucional positivo (norma do art. 5º, § 2º da CF), um catálogo materialmente aberto[33] a outros direitos fundamentais que, todavia, não constam do texto constitucional.[34]

Em vista das considerações quanto à fundamentalidade formal e material, apresentaremos algumas conceituações e enunciados de direitos fundamentais alcançadas na doutrina.

Cármen Lúcia Antunes da Rocha encontra expressão do seguinte modo:

> A Constituição tem alma de Direito e forma de Lei, formulando-se como seu coração – órgão dominante e diretor de suas ações – os direitos

---

[30] A respeito do polêmico enunciado da norma do art. 60, § 4º, IV, da Constituição Federal, o Ministro do Supremo Tribunal Federal, Carlos Mário Velloso, quando proferiu seu voto no julgamento da cautelar requerida na ADIn 1.497-DF, pronunciou-se no seguinte sentido: "Ao examinar a questão dos direitos fundamentais em termos de sua teoria geral, que, primeiro que tudo, é preciso reconhecer que os direitos e garantias individuais, referidos no art. 60, § 4º, IV, da Constituição, são, na verdade, os direitos fundamentais, os denominados direitos humanos. Não são qualquer direito, portanto, mas direitos fundamentais, direitos humanos".

[31] Utilizando o ensinamento de Karl Loewenstein (*Teoría de la Constitución*, p. 216 e ss), deduz-se que o corpo é a constituição real, substancial, e, a veste, ou o traje, é a constituição formal.

[32] Konrad Hesse (*A força normativa da Constituição*, p. 61 e ss) também esclarece suficientemente a respeito do tema.

[33] "Catálogo materialmente aberto" é a expressão usada com muita propriedade no magistério de Ingo Wolfgang Sarlet, conforme já referimos (*op. cit.*, p. 81 e ss).

[34] Manoel Gonçalves Ferreira Filho (*Direitos humanos fundamentais*, p. 30) lembra que o reconhecimento de direitos implícitos também encontrava-se nas Constituições brasileiras de 1934 (na norma do art. 114), na de 1937 (na norma do art. 123), na de 1946 (na norma do art. 144), na de 1967 (na norma do art. 150, § 35), e na de 1969 (na norma do art. 153, § 36).

fundamentais do homem. Direitos que são fundamentais em duplo sentido jurídico: de um lado, são eles essenciais aos homens em sua vivência com os outros, fundando-se neles, em seu respeito e acatamento, as relações de uns com os outros homens e com o próprio Estado; de outro lado, são eles que dão os fundamentos da organização estatal, dando as bases sobre as quais as ações da entidade estatal se desenvolvem, em cujos limites se legitimam (determinantes de limites negativos) e para a concretização dos quais se determinam comportamentos positivos do Estado (determinantes positivos).[35]

Walter Claudius Rothenburg assim define os direitos fundamentais:

Os direitos fundamentais constituem a base (axiológica e lógica) sobre a qual se assenta um ordenamento jurídico. Nesse sentido, pode-se aludir também à originalidade, para dizer que os direitos fundamentais são os primeiros a se levar em conta na compreensão do sistema jurídico.[36]

Robert Alexy, ao enunciar a respeito da Teoria dos Direitos Fundamentais, se pronuncia nesses termos:

Direitos fundamentais são aquelas posições jurídicas que, por sua importância e significado, não podem ficar ao livre arbítrio do legislador. Obedecem aspectos de tempo e lugar e revelam a vontade da maioria.[37]

José Afonso da Silva também esclarece:

Direitos fundamentais do homem são situações jurídicas, objetivas e subjetivas, definidas no direito positivo, em prol da dignidade, igualdade e liberdade da pessoa humana. Desde que, no plano interno, assumiram o caráter concreto de normas positivas constitucionais, não tem cabimento retomar a velha disputa sobre seu valor jurídico, que sua previsão em declarações ou em preâmbulos das constituições francesas suscitava.[38]

Por derradeiro, entendemos que direitos fundamentais são aqueles direitos próprios da pessoa assegurados por uma ordem constitucional. Portanto, variam

---

[35] Cármen Lúcia Antunes da Rocha bem ressalta a posição e a importância, normativa e social, dos direitos fundamentais (*O Constitucionalismo Contemporâneo e a Instrumentalização para a Eficácia dos Direitos Fundamentais*, p. 42).

[36] Walter Claudius Rothenburg (*Direitos Fundamentais e suas características*, p. 55) ressalta a nota da fundamentalidade.

[37] Robert Alexy (*op. cit.*, p. 244), ao prescrever sua definição acerca dos direitos fundamentais.

[38] José Afonso da Silva (*Curso de Direito Constitucional Positivo*, p. 183), ao determinar a respeito dos direitos fundamentais, remete à consideração sobre a força normativa do contido no Preâmbulo Constitucional – objeto de discussão e origem de variadas correntes doutrinárias favoráveis ou não em afirmá-la.

conforme cada Direito Constitucional Positivo, ou seja, conforme o Direito Constitucional particular, próprio de cada Estado – no que se refere a uma concepção formal, por se apresentarem sob a forma de norma constitucional. No entanto, a essência, ou, como núcleo dos direitos fundamentais – a dignidade humana[39] – não pode deixar de ser mencionada em virtude de sua vinculação aos direitos fundamentais, no que se refere a uma perspectiva também material. Em outras palavras, podemos afirmar, tranqüilamente, que todo direito fundamental não previsto como norma em nossa Constituição, em razão da essencialidade da dignidade, encontra abrigo em nosso ordenamento jurídico diante da abertura possibilitada pela norma do § 2º do art. 5º do texto constitucional pátrio e, em conseqüência, tem-lhe conferido o *status* de direito fundamental integrante do Direito Constitucional positivo.[40]

Nesse sentido, inobstante as observações anteriores acerca da expressão direitos fundamentais, pelo caráter

---

[39] A lição de Ingo Wolfgang Sarlet (*Dignidade da Pessoa Humana e Direitos Fundamentais na Constituição Federal de 1988*, p. 26), nesse sentido, é magistral: "(...) Passando a centrar a nossa atenção na dignidade da pessoa humana, desde logo há de se destacar que a íntima e, por assim dizer, indissociável vinculação entre a dignidade da pessoa humana e os direitos fundamentais já constitui, por certo, um dos postulados nos quais se assenta o direito constitucional contemporâneo".

[40] José Joaquim Gomes Canotilho (op. cit., p. 369) leciona exatamente a esse respeito, com referência à Constituição portuguesa, a exemplo da nossa Constituição: "Os direitos consagrados e reconhecidos pela Constituição designam-se, por vezes, direitos fundamentais formalmente constitucionais, porque eles são enunciados e protegidos por normas com valor constitucional formal (normas que têm a forma constitucional). A Constituição admite (cfr. art. 16), porém, outros direitos fundamentais constantes das leis e das regras aplicáveis de direito internacional. Em virtude de as normas que os reconhecem e protegem não terem a forma constitucional, estes direitos são chamados direitos materialmente fundamentais". O mesmo autor, em sua obra em conjunto com Vital Moreira, ainda refere (Fundamentos da Constituição, Cap. III, p. 62) que "A orientação tendencial de princípio é a de considerar como direitos extraconstitucionais materialmente fundamentais os direitos equiparáveis pelo seu objecto e importância aos diversos tipos de direitos formalmente fundamentais".

A Titularidade dos Direitos Fundamentais **29**

do Direito Constitucional positivo acrescido a uma interpretação extensiva da norma do § 2º do art. 5º, a qual demonstra a existência de um catálogo materialmente aberto dos direitos fundamentais, quando enuncia: "Os direitos e garantias expressos nesta Constituição não excluem outros decorrentes do regime e dos princípios por ela adotados, ou dos tratados internacionais em que a República Federativa do Brasil seja parte" – conforme abordaremos novamente mais adiante – não nos parece estar errôneo o uso da expressão "direitos humanos fundamentais", como referimos anteriormente ser a preferência de Manoel Gonçalves Ferreira Filho,[41] entre outros.

1.2. Dimensões históricas

Os direitos fundamentais, sob uma perspectiva histórica, são vislumbrados por parte da doutrina que utiliza a expressão "gerações" de direitos ao reconhecer determinados "níveis de direitos fundamentais", como Celso Ribeiro Bastos,[42] Manoel Gonçalves Ferreira Filho,[43] além de Luiz Alberto David Araújo,[44] em sua obra conjunta com Vidal Serrano Nunes Júnior.

No entanto, nossa posição encontra-se ladeada com a de Norberto Bobbio,[45] Paulo Bonavides,[46] Ingo Wolfgang Sarlet[47] e Antônio Augusto Cançado Trinda-

---

[41] Manoel Gonçalves Ferreira Filho tem predileção por essa expressão, a qual denomina sua obra em questão (*op. cit.*, p. 14).

[42] Celso Ribeiro Bastos (*Curso de Direito Constitucional*, p. 174).

[43] Manoel Gonçalves Ferreira Filho utiliza esse termo em várias de suas obras (*Direitos Humanos Fundamentais*, p. 6 e 15, e *Curso de Direito Constitucional*, p. 252).

[44] Luiz Alberto David Araújo e Vidal Serrano Nunes Júnior (*Curso de Direito Constitucional*, p. 64 e 65).

[45] Norberto Bobbio (*A era dos direitos*, p. 19).

[46] Paulo Bonavides (*op. cit.*, p. 525).

[47] Ingo Wolfgang Sarlet (*op. cit.*, p. 47).

de,[48] já que não admitimos consenso com o emprego do termo "geração de direitos", preferindo utilizar o termo "dimensão", visto que a palavra "geração" induz à noção de uma pretensa sucessão de direitos. Assim, "dimensão" compreende um processo cumulativo de aquisição de posições jurídicas fundamentais. Ainda que denominemos "dimensão", e não "geração" de direitos, devemos observar a importância da identificação das próprias dimensões de direitos fundamentais em um contexto histórico.[49] Nesse aspecto, a doutrina é contumaz ao narrar o surgimento da noção de direitos fundamentais a partir do início da Idade Moderna, ou, ao menos, os seus elementos norteadores, isto é, as noções de igualdade, liberdade e dignidade, embora somente constituídas sob a forma de norma constitucional com a entrada em vigor das Constituições liberais do século XVIII, mesmo que o pensamento liberal-burguês da época estivesse dotado de cunho individualista, mesmo assim afirmou-se como direitos do indivíduo frente ao Estado, como direitos de defesa, delimitando um núcleo de autonomia individual, na tentativa de compatibilizar autoridade e liberdade à sociedade burguesa-liberal até o advento da Revolução Francesa, em 1789.[50]

Em vista disso, os direitos fundamentais, denominados de primeira dimensão, apresentam um caráter negativo, por administrarem uma abstenção do Estado. Caracterizados por Paulo Bonavides como "direitos de

---

[48] Antônio Augusto Cançado Trindade (*A proteção internacional dos direitos humanos*, p. 52).

[49] No ensinamento de Norberto Bobbio (*op. cit.*, p. 19), "Os direitos do homem representam uma classe variável, cujo elenco modifica-se continuamente com a alteração das condições históricas dominantes, o que demonstra a inexistência de direitos fundamentais por natureza. Nesta concepção, portanto, não é possível a confecção de um conceito de direitos fundamentais que não tenha por pressuposto a questão histórica".

[50] Segundo Immanuel Kant (*Doutrina do Direito*, p. 46), o Direito possibilita a compatibilização do arbítrio de um com o arbítrio do outro, de acordo com uma lei geral de liberdade.

A Titularidade dos Direitos Fundamentais

resistência ou oposição perante o Estado"[51] tais como o direito à vida, à liberdade, à igualdade e à propriedade, complementados pelas liberdades de expressão coletiva (expressão, imprensa, reunião, associação etc.) e direitos de cidadania (liberdades políticas decorrentes da adoção de um regime democrático).

Com a expressiva influência da Igreja, dos movimentos operários e da expansão do socialismo, a partir do século XIX insurgiu-se a necessidade de uma grande reformulação das teorias acerca dos direitos e garantias individuais, especialmente em relação à sua proteção judicial, como forma de superar a distância entre as declarações constitucionais de direitos fundamentais e a realidade social que as negava, de liberdade formal abstrata para liberdade material concreta.

Diante dessas motivações, e com fundamento no princípio da igualdade material, resultaram, os direitos fundamentais de segunda dimensão, em prestações sociais estatais aos indivíduos,[52] como a assistência social, saúde, educação, trabalho, etc., sendo esse período histórico conhecido como de transição do Estado Liberal para o Estado Social.

Os direitos fundamentais de terceira dimensão, por sua vez, abarcam os direitos relativos a paz, fraternidade, solidariedade e segurança mundiais, direito ao desenvolvimento dos povos, proteção ao meio ambiente[53]

---

[51] Conforme Paulo Bonavides (*op. cit*, p. 517).

[52] Para Celso Lafer (*A reconstrução dos direitos humanos*, p. 127), consistem, os direitos da segunda dimensão, em direitos de participar do bem-estar social.

[53] O acórdão do Supremo Tribunal Federal, proferido no Mandado de Segurança n 22.164-0/SP, pelo Tribunal Pleno, o qual decidiu sobre a constitucionalidade de decreto presidencial que pretendia desapropriar imóvel rural situado no Pantanal Mato-Grossense, para fins de reforma agrária, demonstra os sábios ensinamentos do Relator, Ministro Celso de Mello, acerca das dimensões dos direitos fundamentais, quando proferiu, em seu voto, a seguinte expressão, resultando no deferimento unânime da segurança ora pleiteada: "O direito à integridade do meio ambiente – típico direito de terceira geração – constitui prerrogativa jurídica de titularidade coletiva, refletindo, dentro

e conservação do patrimônio comum da Humanidade. Tais direitos peculiarmente apresentam como titulares grupos humanos (família, povo, nação, comunidade mundial), e não mais o centrismo na figura do homem-indivíduo, ou no restrito âmbito dos Estados nacionais,[54] sendo, portanto, direitos de titularidade difusa ou coletiva, muitas vezes indefinida e indeterminável, ainda que detenham implicação transindividual.[55]

A existência de uma quarta dimensão de direitos fundamentais, ainda que no aguardo de sua consagração na esfera do direito internacional e das ordens constitucionais internas, é preconizada, entre nós, por Paulo Bonavides,[56] o qual sustenta que esta última dimensão é o resultado da globalização dos direitos fundamentais, como universalização no plano institucional do Estado Social, sendo composta por direitos à democracia (com o exercício do poder político de modo direto), à informação e ao pluralismo.

Diante disso, concluímos que as dimensões dos direitos fundamentais congregam a evolução histórica e social de posições jurídicas fundamentais; no entanto, sem revelar sucessão de direitos, mas aquisição de direitos fundamentais. Além disso, todo esse conjunto de direitos fundamentais, sua previsão e garantia consti-

---

do processo de afirmação dos direitos humanos, a expressão significativa de um poder atribuído, não ao indivíduo identificado em sua singularidade, mas, num sentido verdadeiramente mais abrangente, à propria coletividade social".

[54] Para Paulo Bonavides (*op. cit*, p. 514), tais direitos têm seu reconhecimento e proteção na esfera do Direito das Gentes.

[55] Por essas razões, Miguel Angel Ekmekdjian (*Tratado de Derecho Constitucional*, p. 91, 95 e seguintes) refere que esses direitos se encontram em fase de consagração no âmbito internacional, em um extenso número de tratados e outros documentos transnacionais por, ainda, em sua maioria, não terem encontrado reconhecimento e, conseqüentemente, positivação dentro do Direito Constitucional.

[56] Paulo Bonavides (*op. cit*, p. 524 e ss.).

A Titularidade dos Direitos Fundamentais

tucional funcionam, no sistema jurídico, como elemento propulsor e assecuratório do regime político no Estado Democrático de Direito.

1.3. Classificação

1.3.1. Direitos Fundamentais em sentido formal e sentido material

Em vista de uma classificação, podemos, preliminarmente, afirmar que toda norma constitucional material consiste na norma que está embuída de um conteúdo essencialmente constitucional, isto é, que não encontraria outro melhor *lugar jurídico* para estar assentada no direito positivo, senão na própria Constituição.

Assim, são normas constitucionais materiais – conteúdo essencialmente constitucional – as que detêm previsão aos direitos fundamentais, à estrutura do Estado, à forma e ao sistema de governo etc.[57]

Ao contrário, as normas constitucionais formais são aquelas que apresentam a *forma* de normas constitucionais, por estarem inseridas no seio da Constituição, e, como referimos no capítulo anterior, conseqüentemente, por serem detentoras desse *status*, estarem na qualidade de normas constitucionais, por sua posição normativa, hierarquicamente superior, gozam de supremacia no ordenamento jurídico, sujeitando-se às limitações oriundas de um processo de rigidez constitucional (norma do art. 60 da CF) além de sua aplicação imediata (norma do art. 5º, § 1º, da CF), assim como as normas constitucionais de conteúdo material.

---

[57] José Afonso da Silva (*op. cit.*, p. 42 e 43).

Jorge Miranda refere a presunção de materialidade constitucional em prol de direitos formalmente consagrados,[58] visto que esses acabam por adquirir o *status* de norma constitucional.

No entanto, a questão que emerge, como problemática, reside no fato de que nem todo direito consiste em um direito fundamental.

Eis, portanto, a dificuldade de se reconhecer a nota da fundamentalidade de um direito, sob uma perspectiva material.[59]

Diante disso, parece-nos salutar a transcrição de Willis Santiago Guerra Filho: "(...) se o conjunto dos direitos fundamentais não se reduz àquele em que se encontram as normas que os consagram" – em clara referência ao catálogo da Constituição –, "também nesse último conjunto se encontra mais do que normas de direitos fundamentais"[60] – em alusão ao alcance da norma do § 2º do art. 5º da Carta Magna, o qual não exclui, aos direitos e garantias expressos na Constituição, outros decorrentes do regime e dos princípios que ela adota, ou dos tratados internacionais em que nosso País seja parte.

José Joaquim Gomes Canotilho, antes mencionado, revela a orientação de que sejam direitos equiparáveis pelo seu objeto e importância.[61]

E não é desvalia a tendência em admitir, como veículo de transporte, para o nosso direito constitucio-

---

[58] Jorge Miranda (*Manual de Direito Constitucional*, volumes II e IV).

[59] José Joaquim Gomes Canotilho (*Direito Constitucional e Teoria da Constituição*, p. 369) entende que "Problema é o de saber como distinguir, dentre os direitos sem assento constitucional, aqueles com dignidade suficiente para serem considerados *fundamentais*".

[60] Willis Santiago Guerra Filho tece essas considerações ao abordar a norma de direito fundamental (*Direitos Fundamentais: teoria e realidade normativa*, p. 57).

[61] José Joaquim Gomes Canotilho assim leciona (*Fundamentos da Constituição*, Cap. III).

nal positivo, de outros direitos fundamentais pela regra do já citado § 2º do art. 5º.

Mas como ter a certeza de que esses direitos são direitos fundamentais?

Aqui ressaltamos, mais uma vez, a trabalhosa e, talvez, às vezes, inexitosa tarefa de reconhecimento de um direito fundamental,[62] [63] a qual não nos preocuparemos em elucidar, na presente dissertação, contentandonos entre a sugestão de Canotilho e o princípio da dignidade como núcleo de direitos fundamentais, apesar de estarmos em alerta para a ocorrência de uma provável "inflação de direitos fundamentais", como assim denomina Manoel Gonçalves Ferreira Filho.[64]

A respeito disso, mas sem esquecer do que tratamos acerca da classificação de direito fundamental em sentido material e direito fundamental em sentido for-

---

[62] O Supremo Tribunal Federal, por seu Tribunal Pleno, ao julgar a Ação Direta de Inconstitucionalidade, ADIN nº 939-DF, em que teve como relator o Ministro Sydney Sanches, reconheceu a possibilidade de existência de um direito fundamental não elencado na norma do Catálogo do art. 5º da Constituição Federal, adotando um critério material em sua conceituação, ao apreciar a constitucionalidade da Emenda Constitucional n. 3/93 e da Lei Complementar n. 77/93, a qual criou o IPMF (Imposto Provisório sobre Movimentação Financeira).

[63] Tal entendimento foi ratificado pelo mesmo órgão, quando do julgamento em que foi relator o Min. Marco Aurélio, no Recurso Extraordinário n. 172058-1-SC, com a seguinte ementa: "Tributo. Relação Jurídica Estado/Contribuinte – Pedra de toque. No embate diário Estado/Contribuinte, a Carta Política da República exsurge com insuplantável valia, no que, em prol do segundo, impõe parâmetros a serem respeitados no primeiro. Dentre as garantias constitucionais explícitas, e a constatação não exclui o reconhecimento de outras decorrentes do próprio sistema adotado, exsurge a de que somente à lei complementar cabe 'a definição de tributos e suas espécies, bem como, em relação aos impostos discriminados nesta Constituição, a dos respectivos fatos geradores, bases de cálculo e contribuintes' – alínea a do inciso III do artigo 146 do Diploma Maior de 1988".

[64] Manoel Gonçalves Ferreira Filho (*Os direitos fundamentais: problemas jurídicos, particularmente em face da Constituição brasileira de 1988*, p. 5), a respeito do que chama de "inflação de direitos fundamentais", suscita a seguinte questão: "Será que é preciso apontar que a multiplicação de direitos fundamentais desvaloriza os verdadeiros, como a inflação deprime o valor da moeda?"

mal, Philip Alston[65] nos atenta para a tendência da Organização das Nações Unidas e de outros organismos internacionais proclamarem inúmeros direitos, ditos fundamentais, sem a observância de quaisquer critérios objetivos. Registra novos direitos em vias de serem declarados fundamentais, de modo solene, como o direito ao turismo e o direito ao desarmamento, afora, os já propostos, direito ao sono, direito de não ser morto em guerra, direito de não se sujeitar a trabalho enfadonho, direito à coexistência com a natureza e o direito de livre experiência a modos de vida alternativos, entre outros.

1.3.2. A dupla dimensão objetiva e subjetiva dos direitos fundamentais

Os direitos fundamentais compreendem uma dupla perspectiva, a qual se refere aos âmbitos objetivo e subjetivo.

Em nível objetivo, temos as normas como elementos objetivos fundamentais da comunidade, enquanto, em nível subjetivo, são as normas de direitos fundamentais as que consagram direitos subjetivos individuais ou coletivos e as que impõem obrigações, de caráter objetivo, aos poderes públicos, podendo ser consideradas de natureza de princípios ou regras.

Devemos ressaltar que inexiste um paralelismo necessário entre regras e perspectiva subjetiva, assim como entre princípios e perspectiva objetiva.

Ademais, a uma perspectiva subjetiva não corresponde, logicamente, uma perspectiva objetiva, uma vez que o âmbito subjetivo abrange não só os direitos subjetivos de defesa do indivíduo contra atos do poder público, ou garantias negativas de interesses individuais, mas também decisões axiológicas de natureza

---

[65] Segundo Philip Alston (*Conjuring up New Human Rights: A proposal for quality control*, p. 607 e ss).

jurídico-objetiva da Constituição, como conjunto de valores objetivos básicos e fins diretivos da ação positiva dos poderes públicos.

Diante dos ensinamentos de Ingo Wolfgang Sarlet,[66] em referência à expressão "direito público subjetivo", não encontramos solução pacífica entre a dogmática jurídica publicista e privatista, além do que, a designação "direito público subjetivo", anacrônica e já superada, encontra-se aquém da realidade constitucional brasileira, assumindo posição com influências típicas do liberalismo, positivista e essencialmente estatista dos direitos fundamentais na qualidade de direitos de defesa do indivíduo contra o Estado.

Em que pesem essas considerações, verificamos que nem todo direito fundamental será "direito subjetivo público", mas todo direito fundamental pode ser direito subjetivo.

Genericamente, portanto, podemos afirmar, com base na lição de José Joaquim Gomes Canotilho,[67] que, em vista dos direitos fundamentais como direitos subjetivos, ao titular de um direito fundamental ocorre a possibilidade de imposição judicial de seus interesses juridicamente tutelados perante o destinatário ("obrigado"). Então, o direito subjetivo consagrado por uma norma de direito fundamental se manifesta por uma relação trilateral que envolve o titular, o objeto e o destinatário do direito.

Partindo para mais adiante, verificamos a proposição de Robert Alexy,[68] construída a partir da "Teoria dos Status" de Jellinek,[69] que estabelece o chamado "sistema

---

[66] Conforme Ingo Wolfgang Sarlet (*A eficácia dos direitos fundamentais*, p. 149)

[67] Segundo a lição de José Joaquim Gomes Canotilho (*Direito constitucional e Teoria da Constituição*, p. 544).

[68] Conforme Robert Alexy (*op. cit.*, p. 171 e ss).

[69] Georg Jellinek (*System der subjektiven öffentlichen*, p. 87, 95 e ss, *apud* Robert Alexy, *op. cit.*, p. 183) ao propor uma distinção de direitos subjetivos em

das posições jurídicas fundamentais", pois, para ele, os direitos fundamentais, na sua perspectiva subjetiva, constituem posições jurídicas de três ordens.

A primeira ordem estabelece os direitos "a qualquer coisa", abrangendo os direitos a ações negativas e positivas do Estado e/ou dos particulares, e, portanto, os clássicos direitos de defesa e os direitos a prestações. A segunda, por seu turno, é integrada pelas liberdades, no sentido de negação de exigências e proibições. A terceira, por fim, abarca os poderes, como competências e autorizações.

Em vista disso, as posições jurídicas complexas, em seus três aspectos, são compostas por elementos de natureza diversa, por poderem ser dirigidas contra diferentes destinatários.

Ingo Wolfgang Sarlet, ainda, nos revela uma tese de presunção, sustentada pela doutrina, em favor da perspectiva jurídico-subjetiva, na qual é fixada, como finalidade precípua dos direitos fundamentais, a proteção do indivíduo, e não da coletividade, considerando que a perspectiva objetiva serve como reforço à proteção jurídica dos direitos subjetivos, além de apresentar um argumento quanto ao caráter principiológico dos direitos fundamentais, prevendo que o reconhecimento de um direito subjetivo significa um grau maior de realização do que a previsão de obrigações de caráter objetivo.[70]

Ademais, os direitos fundamentais, preliminarmente, congregam direitos individuais, e, se assim fo-

---

direitos de *status* negativo, positivo e ativo, classifica-os em *status subjectiones* (em que o indivíduo tem deveres em relação ao Estado), *status libertatis* (correspondem aos direitos de defesa, de liberdade), *status positivus* (direitos a prestações positivas do Estado) e *status activus* (*activae-civitatis*, que correspondem aos direitos políticos, de participação política).

[70] Segundo a referência de Ingo Wolfgang Sarlet (*op. cit.*, p. 152), mencionando a predominância da perspectiva subjetiva dos direitos fundamentais, adotada por Christian Stark, Robert Alexy, Vieira de Andrade e J. J. Canotilho, além de, no Brasil, Suzana de Toledo Barros.

A Titularidade dos Direitos Fundamentais

rem encontrados sob proteção constitucional, tal tutela será resguardada como direito subjetivo.

Também merece consideração a justificativa quanto à prevalência da perspectiva subjetiva, a qual centra-se no valor da autonomia individual, como expressão da dignidade humana.[71] Apesar desse predomínio da concepção subjetiva (individual), não deve ser excluída a possibilidade de atribuição de titularidade dos direitos fundamentais subjetivos a determinados grupos ou entes coletivos, embora os traços de distinção entre pessoa e indivíduo circundem a proteção do ser humano em sua individualidade.

Em última análise, os direitos subjetivos, como direitos fundamentais, revelam a inserção em um processo, que, segundo a expressão de Ingo Wolfgang Sarlet, traduz os direitos fundamentais como "construções técnico-jurídicas aperfeiçoadas através dos tempos"[72] e que "seu reconhecimento oriunda de um processo jurisprudencial, hermenêutico e com ênfase nos direitos individuais",[73] objetivando o resguardo de direitos, liberdades e poderes, ainda que não referidos objetivamente por meio constitucional.

---

[71] Esse é o ensinamento de J.C. Vieira de Andrade (*Os direitos fundamentais*, p. 160).

[72] Essas são as palavras de Ingo Wolfgang Sarlet (*op. cit.*, p. 69, 149 e ss).

[73] Idem.

2. A Titularidade dos Direitos Fundamentais: algumas questões preliminares

2.1. Definições na esfera terminológica e conceitual

A maioria da doutrina nacional, como José Afonso da Silva,[74] Alexandre de Moraes,[75] Celso Ribeiro Bastos e Ives Gandra Martins,[76] Araújo Vidal e Nunes Júnior,[77] Tupinambá Nascimento,[78] costuma confundir destinatários com titulares dos direitos fundamentais, utilizando as duas expressões como sinônimos, embora ambas não possam, de modo algum, quanto à definição, demonstrar similitude entre si.

A partir do ensinamento de Robert Alexy, observamos que, ao titular de um direito fundamental, ocorre a possibilidade de imposição judicial de seus interesses juridicamente tutelados perante o destinatário ("obriga-

---

[74] José Afonso da Silva (*op. cit.*, p. 194-196). Esse autor chega a discorrer a respeito dos titulares dos direitos fundamentais em um capítulo de sua obra, denominado "Destinatários dos direitos e garantias fundamentais".

[75] Alexandre de Moraes (*Direitos humanos fundamentais*, p. 82 e 83).

[76] Celso Ribeiro Bastos e Ives Gandra Martins (*Comentários à Constituição do Brasil*, p. 4 e 5).

[77] Araújo Vidal e Nunes Júnior (*op. cit.*, p. 66).

[78] Tupinambá Nascimento (*Comentários à Constituição Federal*, volume II, p. 20).

do").[79] Portanto, o direito subjetivo consagrado por uma norma de direito fundamental se manifesta por uma relação trilateral que envolve o titular, o objeto e o destinatário do direito.

Considerando que de todo preceito de uma norma jurídica extrai-se o caráter da exigibilidade, em decorrência de uma relação de bilateralidade, a que se garantem direitos e impõem-se obrigações, afirmamos que os destinatários dos direitos fundamentais são os seus sujeitos passivos, e que a eles cabem as obrigações oriundas das normas dos direitos fundamentais, ou, nas palavras de Manoel Gonçalves Ferreira Filho:

> São todos os indivíduos que não o seu titular, a que se acrescentam todos os entes públicos ou privados, inclusive e especialmente o Estado. Com efeito, este era visto, em 1789, como o inimigo das liberdades e seguramente ainda o é, potencialmente ao menos. É ele quem, na prática diuturna, pode prender, censurar, confiscar a propriedade etc.[80]

Os titulares dos direitos fundamentais, por seu turno, são os seus sujeitos ativos, "os titulares do poder de agir",[81] os sujeitos das relações jurídicas oriundas das normas dos direitos fundamentais, e, além disso, entendemos, principalmente, que os titulares são os detentores da possibilidade de exercício dos direitos fundamentais.[82]

No entanto, ainda que a titularidade dos direitos fundamentais esteja intrinsecamente ligada à capacidade de seu exercício, convém que estabeleçamos promover distinção entre ambas.

Nesse sentido, Canotilho elucida que a diversificação entre os dois institutos pode ser trazida do direito privado, em que se distingue capacidade jurídica como

---

[79] Robert Alexy (*op. cit.*, p. 244).

[80] Manoel Gonçalves Ferreira Filho (*Direitos humanos fundamentais*, p. 29-30).

[81] *Idem*, p. 29.

[82] Por isso, detentores da *possibilidade* de exercício dos direitos fundamentais, ainda que não a exerçam.

a aptidão para ser sujeito de relações jurídicas, e a capacidade de exercício como a idoneidade para o exercício concreto de um direito, exemplificando que um recém-nascido pode ser titular de direitos, se proprietário ou herdeiro de bens, embora não tenha capacidade de exercício, para os administrar, alienar etc.[83]

O mesmo autor, ainda, esclarece que se apresenta como problemática a disjunção entre titularidade de direitos e capacidade de direitos, em seara de direitos fundamentais, não só porque não haveria sentido no reconhecimento de direitos fundamentais insuscetíveis de exercício,[84] mas também porque esse isolamento pode ser considerado como um método que objetive a restrição inconstitucional de direitos fundamentais, a pretexto de que essa limitação incidiria somente sobre a capacidade de exercício, e não sobre a titularidade de direito.

Canotilho prossegue, introduzindo alguns "tópicos gerais de orientação" que visam solucionar o que denomina de "alguns problemas práticos", fazendo referência a todos os direitos fundamentais que não necessitem da exigência de conhecimento ou de aplicação de tomada de decisão,[85] pois nesses, o exercício dos direitos fundamentais não está vinculado a qualquer limitação etária, pois a capacidade de exercício desses direitos inclui e pressupõe mesmo a capacidade de direitos.

Dessa forma, a titularidade de direitos fundamentais, quando condicionada pela maioridade ou pela emancipação, nos termos do direito civil, deve articular-se

---

[83] *Op. cit.*, p. 387-388.

[84] Idem. O autor exemplifica, questionando como conceber o direito de reunião e manifestação para quem ainda não sabe mover-se, comunicar e agir?

[85] Ibidem. Aqui, Canotilho esclarece com o direito à vida, à integridade pessoal e à liberdade.

com a regulamentação da lei civil,[86] dependendo, portanto, da idade mínima exigida pela lei civil.

E o mesmo autor conclui, afirmando que, assim, ao que transpassar a estes tópicos gerais, deve-se reconhecer que o Direito Constitucional não se encontra em condições de fornecer uma fundamentação global da capacidade de exercício de direitos relativamente ao problema do limite da idade mínima.[87]

No entanto, Jorge Miranda detém entendimento contrário ao de Canotilho, quanto ao estabelecer distinção entre capacidade de fato e capacidade de direito, no que se refere aos direitos fundamentais.

Para Miranda:

A atribuição de direitos fundamentais envolve a correspondente atribuição de capacidade para o seu exercício. Não faria sentido, em Direito Constitucional, a separação civilística entre capacidade de gozo e capacidade de exercício ou de agir, porque os direitos fundamentais são estabelecidos em face de certas qualidades prefixadas pelas normas constitucionais e, portanto, atribuídos a todos que as possuam.[88]

Todavia, como afirmamos anteriormente, a titularidade dos direitos fundamentais está intrinsecamente relacionada à capacidade de seu exercício, não significando dizer que são expressões sinônimas, tampouco quanto à possibilidade de exercício. Inocorre titularidade sem possibilidade de exercício do respectivo direito fundamental, ou seja, ocorre titularidade sem exercício, mas não sem a possibilidade de exercício. Quanto à capacidade de exercício, é claro que certos direitos fundamentais vão ter como titulares determinadas categorias de pessoas – como abordaremos também mais adiante – *v.g.*, os direitos políticos, no Brasil, são privati-

---

[86] Ibidem. O exemplo ofertado pelo autor refere-se à idade mínima para constituir família e contrair matrimônio, que, segundo a norma da lei civil portuguesa, é estabelecida em dezesseis anos.

[87] Ibidem.

[88] Jorge Miranda (*op. cit., vol.* IV, p. 195)

vos dos nacionais,[89] portanto, os estrangeiros residentes não serão titulares desses direitos, e, em decorrência natural, é claro que não poderão exercê-los.

Outro aspecto que podemos considerar, ainda na questão dos direitos políticos, relativo à idade: preceitua a norma constitucional que tais direitos serão exercidos de modo facultativo, a partir dos dezesseis anos até os dezoito anos,[90] e, de modo obrigatório, desde os dezoito anos de idade.[91]

Então, podemos concluir que são titulares dos direitos políticos, no Brasil, os nacionais, mas somente aqueles nacionais que se adequarem ao estabelecido pela regra constitucional ou, ainda, que não tenham sofrido os casos de restrição de seus direitos políticos.[92]

Um jovem de dezessete anos, *v.g.*, será titular do direito fundamental político apenas se quiser exercê-lo – desde que providencie seu alistamento eleitoral, uma vez que os direitos políticos não são automáticos – já que, em sua idade, é facultativo esse exercício.

Portanto, assim como Jorge Miranda, não conseguimos compactuar com a idéia de reconhecimento da titularidade de direito fundamental dissimulada da capacidade de exercício,[93] pois nos parece insuficiente a busca de respostas nas normas gerais de capacidade regulamentadas pelo Código Civil.

Pensamos que a cada direito fundamental a ser considerado, devemos buscar tratamento e entendimento específico na disciplina contemplada pelo respectivo

---

[89] Observando que a norma do art. 14, §§ 2º e 3º, I, da Constituição Federal estabelece a nacionalidade como requisito da cidadania.

[90] Norma do art. 14, § 1º, II, "c", da Constituição Federal.

[91] Norma do art. 14, § 1º, I, da Constituição Federal.

[92] São os casos de perda e suspensão dos direitos políticos (incisos da norma do art. 15, da Constituição Federal).

[93] Lembrando que ainda que não haja sinonímia entre as duas expressões.

instituto jurídico referente ao direito fundamental envolvido.

Outro aspecto merecedor de considerações é o que se refere à admissão do princípio da dignidade e da prevalência dos direitos humanos como critérios diretivos à determinação da titularidade dos direitos fundamentais.

No que se refere ao acolhimento do princípio do respeito à dignidade da pessoa humana, podemos afirmar que, dentre os princípios fundamentais elencados na norma do art. 1° de nossa Carta Magna, a dignidade é detentora de destaque.

Segundo Willis Santiago Guerra Filho, esse princípio foi formulado com base na ética de Kant, "precisamente na máxima que determina aos homens, "em suas relações interpessoais, não agirem jamais de molde a que o outro seja tratado como objeto, e não como igualmente um sujeito".[94]

Nesse propósito, Fábio Konder Comparato estabelece que "o núcleo essencial dos direitos humanos reside na vida e na dignidade da pessoa".[95]

Assim, Vieira de Andrade ressalta que o referido princípio constitui o que se denomina, pela doutrina alemã, de "núcleo essencial intangível de direitos fundamentais", com base na norma do art. 19, II, da Lei Fundamental daquele Estado.[96]

Canotilho demonstra corroborar esse entendimento, ao afirmar que os direitos fundamentais se encontram consagrados objetivamente em "princípios constitucionais especiais", que seriam a densificação ou concretiza-

---

[94] Willis Santiago Guerra Filho (*Direitos fundamentais: teoria e realidade normativa*, p. 51).

[95] Fábio Konder Comparato (*Para viver a democracia*).

[96] José Carlos Vieira de Andrade (*Os direitos fundamentais na Constituição Portuguesa de 1976*, p. 233).

ção do "princípio fundamental geral" de respeito à dignidade humana.[97]

A esse respeito, a lição de Ingo Wolfgang Sarlet, mais uma vez, é norteadora. Em capítulo de uma de suas obras,[98] denomina-o como "Os direitos fundamentais como exigência e concretizações do princípio da dignidade humana", do qual extraímos o seguinte esclarecimento:

De certa forma, a idéia revelada pelo título deste capítulo já restou anunciada ao longo do texto. Ainda assim, seja pela sua transcendental importância, seja pelos desdobramentos que propicia, importa retomá-la de forma mais enfática, mesmo que também aqui não se pretenda exaurir o tema.
Neste contexto, verifica-se ser de tal forma indissociável a relação entre a dignidade da pessoa e os direitos fundamentais que mesmo nas ordens normativas onde a dignidade ainda não mereceu referência expressa, não se poderá – apenas a partir deste dado – concluir que não se faça presente, na condição de valor informador de toda a ordem jurídica, desde que nesta estejam reconhecidos e assegurados os direitos fundamentais inerentes à pessoa humana. Com efeito, sendo correta a premissa de que os direitos fundamentais constituem – ainda que com intensidade variável – explicitações da dignidade da pessoa, por via de conseqüência e, ao menos em princípio, em cada direito fundamental se faz presente um conteúdo ou, pelo menos, alguma projeção da dignidade da pessoa.
Em suma, o que se pretende sustentar de modo mais enfático é que a dignidade da pessoa humana, na condição de valor (e princípio normativo) fundamental que "atrai o conteúdo de todos os direitos fundamentais",[99] exige e pressupõe o reconhecimento e proteção dos direitos fundamentais de todas as dimensões (ou gerações, se assim preferirmos). Assim, sem que se reconheçam à pessoa humana os direitos fundamentais que lhe são inerentes, em verdade estar-se-à lhe negando a própria dignidade.

Portanto, parece-nos inconcebível tratarmos de direitos fundamentais, mesmo que especifiquemos em relação à questão da titularidade, sem elevarmos o princípio da dignidade humana em uma posição de

---

[97] Joaquim José Gomes Canotilho (*Direito Constitucional e Teoria da Constituição*, p. 495).

[98] Ingo Wolfgang Sarlet (*Dignidade da pessoa humana e direitos fundamentais na Constituição Federal de 1988*, p. 86-87).

[99] Aqui o autor faz citação a José Afonso da Silva em *A dignidade da pessoa humana como valor supremo à democracia.*

A Titularidade dos Direitos Fundamentais

especialidade aos demais princípios fundamentais da Constituição de 1988. Disso, parte a idéia de que, como contraponto, não podem ser negados a proteção e o exercício de direitos fundamentais – tampouco violados – em razão da nacionalidade do indivíduo, ou pelo fato de a nacionalidade da pessoa ser originária ou derivada,[100] isto é, não podem ser negados a existência e o reconhecimento de um direito fundamental em função de quem se encontra no pólo ativo da relação de que decorre o direito, o sujeito que se encontra na posição de titular desse direito.[101]

O segundo desdobramento do critério diretivo à determinação da titularidade dos direitos fundamentais refere-se à prevalência dos direitos humanos, o qual decorre do referido enunciado da norma do 2º do art. 5º, que estabelece que os direitos e garantias expressos na Constituição não excluem outros decorrentes do regime e dos princípios por ela adotados, ou dos tratados internacionais em que a República Federativa do Brasil seja parte.

Primeiramente, do preceito dessa norma, verificamos a possibilidade de existência de outros direitos e garantias fundamentais que não constam no catálogo da regra do art. 5º, todavia previstos em outras partes do texto constitucional, por resultarem da adoção, no Estado brasileiro, de regime e princípios democráticos, como já referimos em capítulo inicial de nosso trabalho.

Em segundo lugar, também estão incluídos os direitos garantidos em tratados internacionais de direitos humanos em que o Brasil seja signatário.

---

[100] Nesse sentido, iremos abordar, no item 2.3 desse trabalho, a respeito do que João Baptista Herkenhoff confirma existir e denomina de "Direitos humanos para consumo interno" e "Direitos humanos para os nacionais puros", conforme seu *Curso de Direitos Humanos*, v. 1, p. 53.

[101] Ainda que concordemos que determinados direitos fundamentais sejam próprios de determinados *status*, posições de seus sujeitos, *v.g.*, o direito de propriedade em relação à condição de propriedade.

Desse modo, Flávia Piovesan leciona:

A Constituição assume expressamente o conteúdo dos direitos constantes dos tratados internacionais dos quais o Brasil é parte. Ainda que estes direitos não sejam enunciados sob forma de normas constitucionais, mas sob a forma de tratados internacionais, a Constituição lhes confere o valor jurídico de norma constitucional, já que preenchem e complementam o catálogo de direitos fundamentais previstos pelo texto constitucional.[102]

Também nessa ótica se insurge o pensamento de Cançado Trindade:

É alentador que as conquistas do Direito internacional em favor da proteção do ser humano venham a projetar-se no Direito constitucional, enriquecendo-o, e demonstrando que a busca de proteção cada vez mais eficaz da pessoa humana encontra guarida nas raízes do pensamento tanto internacionalista quanto constitucionalista. (...) O disposto no artigo 5 (2) da Constituição Brasileira de 1988 vem dar testemunho disso, além de inserir-se na nova tendência de recentes Constituições latino-americanas de conceder um tratamento especial e diferenciado também no plano do direito interno aos direitos e garantias individuais internacionalmente consagrados. A especificidade e o caráter especial dos tratados de proteção internacional dos direitos humanos encontram-se, com efeito, reconhecidos e sancionados pela Constituição Brasileira de 1988: se, para os tratados internacionais em geral, se tem exigido a intermediação do Poder Legislativo de ato com força de lei, de modo a outorgar a suas disposições vigência ou obrigatoriedade no plano do ordenamento jurídico interno, distintamente no caso dos tratados de proteção dos direitos humanos em que o Brasil é parte, os direitos neles garantidos passam, consoante os artigos 5 (2) e 5 (1) da Constituição Brasileira de 1988, a integrar o elenco dos direitos constitucionalmente consagrados e direta e imediatamente exigíveis no plano do ordenamento jurídico interno.[103]

Finalmente, Canotilho orienta no seguinte sentido:

O programa normativo-constitucional não se pode reduzir, de forma positivística, ao "texto" da Constituição. Há que densificar, em profundidade, as normas e princípios da constituição, alargando o "bloco de constitucionalidade" a princípios não escritos, mas ainda reconduzíveis ao programa normativo-constitucional, como formas de densificação ou revelação específicas de princípios ou regras constitucionais positivamente plasmadas.[104]

---

102 Flávia Piovesan (*Direitos humanos e o Direito constitucional internacional*, p. 85).

103 Cançado Trindade (*A proteção internacional dos direitos humanos*, p. 631-632).

104 Canotilho (*op. cit.*, p. 982).

Portanto, a "porta de entrada" do enunciado da norma do § 2º do art. 5º da Carta Magna, juntamente com a dignidade da pessoa humana, constituem elementos importantes, merecedores de atenta observação, uma vez que determinantes como critérios em um processo de reconhecimento da titularidade dos direitos fundamentais.

2.2. A titularidade dos direitos fundamentais nas Constituições brasileiras

É de nossa tradição constitucional a menção, ainda que sumária, a respeito dos direitos fundamentais.

No entanto, somente a Carta Magna de 1988 é que propiciou um tratamento adequado à matéria, ampliando o catálogo dos direitos e garantias fundamentais, de maneira considerável. A norma do artigo 5º é a que apresenta maiores desdobramentos, tendo-se em vista os seus setenta e sete incisos. O que ensejou um aumento de disposições constitucionais acerca do tema, foi, principalmente, a constitucionalização de valores penais que anteriormente detinham previsão apenas nas normas da legislação penal e processual penal.

Outro aspecto importante é que o catálogo de direitos fundamentais foi deslocado para o início do texto constitucional, no Título II, a partir do art. 5º, diferentemente de todos os anteriores, rompendo, portanto, a Constituição de 1988, com a técnica adotada pelas Constituições antecedentes, as quais situavam as normas dos direitos fundamentais na parte final do texto constitucional, sempre depois das normas da organização do Estado.

Essa colocação topográfica das normas da declaração de direitos no início do texto constitucional, conforme as Constituições de várias democracias modernas,[105] a partir da Declaração dos Direitos do Homem e do Cidadão (França, 26 de agosto de 1789), tem significado especial quanto ao tratamento dispensado pelo legislador constituinte, em virtude, justamente, da vinculação dos direitos fundamentais a seus titulares, e, ao Estado, como destinatário dos direitos fundamentais.[106]

Dispõe a norma do referido art. 5°: "Todos são iguais perante a lei, sem distinção de qualquer natureza, garantindo-se aos brasileiros e estrangeiros residentes no País, a inviolabilidade do direito à vida, à liberdade, à igualdade, à segurança e à propriedade, nos termos seguintes".

Além do fato, já observado, de o legislador constituinte de 1988 ter proporcionado o residir em local privilegiado[107] no texto constitucional, uma vez que se trata do quinto artigo, esse dispositivo demonstra a indicação específica dos titulares, os brasileiros e estrangeiros residentes no País, como sujeitos ativos dos direitos fundamentais – tema que será desenvolvido mais adiante.

Na tentativa de traçarmos um paralelo acerca de nossas oito Cartas Magnas, e, partindo da primeira Constituição brasileira, a Constituição Política do Impé-

---

105 Gilmar Ferreira Mendes (*Direitos Fundamentais e Controle de Constitucionalidade*, p. 31-32) cita, nesse sentido, a Lei Fundamental de Bonn (1949), a Constituição portuguesa (1976) e a Constituição espanhola (1978).

106 Segundo Pontes de Miranda (*Comentários à Constituição de 1967*, com a Emenda n° 1 de 1969, p. 178), o anteceder à parte constitucional de organização do poder, pela declaração de direitos fundamentais, trata-se de uma tentativa de limitar a atuação estatal.

107 Nagib Slaibi Filho (*Anotações à Constituição de 1988*, p. 191) ainda acrescenta: "Tal posição topográfica da declaração dos direitos tem uma importância hermenêutica, pois em caso de eventual conflito entre normas situadas na Declaração de direitos e outras situadas na parte referente à organização dos Poderes, resolve-se tal conflito em favor da norma referente aos direitos – não há inconstitucionalidade na própria Constituição, devendo cada norma ser situada de acordo com seu caráter genérico ou específico".

A Titularidade dos Direitos Fundamentais

rio do Brasil, de 1824, verificamos que a regra do art. 179, XIII, estabelecia o seguinte enunciado:[108]

> A inviolabilidade dos direitos civis e políticos dos cidadãos brasileiros, que tem por base a liberdade, a segurança individual e a propriedade, é garantida pela Constituição do Império, pela maneira seguinte: A lei será igual para todos, quer proteja, quer castigue, e recompensará em proporção dos merecimentos de cada um.[109]

Nessa primeira Carta Política, também chamada de Constituição Imperial, já que foi a única anterior à instauração da República (1890), podemos observar que a liberdade preconizada pela norma do dispositivo constitucional não era universal, não se aplicava a todos, pois a abolição da escravatura, no Brasil, foi ter seu advento somente em 1888, e a economia, na época, era baseada, principalmente, na força do trabalho escravo.[110]

Ademais, referia-se a primeira Constituição, como titulares dos direitos fundamentais, aos cidadãos brasileiros. A expressão *cidadão* se origina do latim (*cives*), de *civitas*, cidade, no sentido de aquele que é da cidade. Para os romanos, era detentor do *status civitatis*, da condição de cidadania, somente aquele que fosse romano e residisse no Estado romano, podendo votar e ser eleito nos *Comitia* para os diversos cargos públicos que existiam.

---

[108] O mesmo autor (Idem, p. 191) esclarece, quanto a essa Constituição: "No Brasil, a começar pela Constituição do Império, tínhamos a tradição, somente agora alterada, de seguir o modelo americano – em 1787 a Constituição fora promulgada tão-somente com a parte referente aos poderes, e, nos dois anos que se seguiram é que se fizeram as chamadas Dez Emendas sobre os direitos individuais".

[109] *apud* José Cretella Júnior (*Comentários à Constituição brasileira de 1988*, p. 178).

[110] Aqui, cabe-nos apresentar a peculiar observação de Cármen Lúcia Antunes Rocha (*op. cit.*, p. 49), em relação a nosso país: "Primeiro Estado a inserir em seu corpo de normas uma declaração de direitos individuais, como antes lembrado, foi um dos últimos Estados do mundo a extinguir de sua prática a terrível experiência da escravidão".

Em uma acepção técnica, a expressão "cidadão" detém relação somente a uma das espécies de direitos fundamentais – os direitos políticos,[111] exprimindo significação a aquele que se encontra na plenitude do exercício dos direitos políticos – o que, no Brasil, consiste na prática dos direitos políticos ativos e passivos,[112] como votar (direito político ativo), ser votado (direito político passivo) e participar dos instrumentos da democracia (direito político ativo), tais como plebiscito, referendo, iniciativa popular, ação popular.[113]

Parece-nos claro que, em um sentido lato, atualmente seja considerado cidadão a pessoa a qual detém participação social, não apenas no âmbito dos direitos políticos, mas da coletividade, aquela que participa da vida do Estado.

A segunda Constituição brasileira, a de 1891, denominada Constituição Republicana, visto que inaugurada logo após o advento da República, também não chegou a delegar um local mais apropriado, em seu texto, para a temática dos direitos fundamentais, mas na regra do art. 72:

> A Constituição assegura a brasileiros e estrangeiros residentes no País a inviolabilidade dos direitos concernentes à liberdade, à segurança individual e à propriedade, nos termos seguintes: § 2º Todos são iguais perante a lei. A República não admite privilégios de nascimento, desconhece foros

---

111 As outras espécies, conforme a classificação adotada pela Constituição Federal de 1988, consistem nos direitos individuais e coletivos, direitos à nacionalidade e direitos sociais.

112 A norma do art. 14, I, II e III, da Carta Magna de 1988 dispõe: "A soberania popular será exercida pelo sufrágio universal e pelo voto direto e secreto, com valor igual para todos, e, nos termos da lei, mediante: I - plebiscito; II-referendo; III - iniciativa popular".

113 A ação popular encontra-se na regra do art. 5º, LXXIII, da Constituição Federal de 1988 – "qualquer cidadão é parte legítima para propor ação popular que vise a anular ato lesivo ao patrimônio público ou de entidade que o Estado participe, à moralidade administrativa, ao meio ambiente e ao patrimônio histórico e cultural, ficando o autor, salvo comprovada má-fé, isento de custas judiciais e do ônus da sucumbência" – diferentemente dos demais instrumentos da democracia que se acham previstos na norma do art. 14 da CF.

A Titularidade dos Direitos Fundamentais

de nobreza, e extingue as origens bem como os títulos nobiliárquicos e de conselho.[114]

Em um título relativo aos cidadãos brasileiros, essa declaração de direitos foi estabelecida ao longo de trinta e um incisos, em que enunciavam a garantia da inviolabilidade dos direitos concernentes à liberdade, à segurança individual e à propriedade.

Embora essa Lei Maior tenha assegurado a declaração de direitos aos titulares, especificamente, não mais aos cidadãos brasileiros, como a Carta Política anterior, a qual se referia às garantias dos direitos civis e políticos dos cidadãos brasileiros, mas sim aos brasileiros e estrangeiros residentes no País, como todas as Constituições brasileiras posteriores, exceto a de 1934, a qual mencionava apenas brasileiros e estrangeiros, ainda assim não vemos o advento dos direitos fundamentais em uma posição considerada privilegiada, devido a sua importância, no texto dessa Constituição, apesar dos esforços empreendidos pela consumação da eficácia desses direitos, por Rui Barbosa, além das novas formas de governo e etapa constitucional.

A Constituição de 1934, por sua vez, lançou o tema para mais adiante ainda do texto constitucional, na norma do art. 113:

> A Constituição assegura a brasileiros e estrangeiros o direito à liberdade, à subsistência, à segurança individual e à propriedade, nos seguintes termos: 1) Todos são iguais perante a lei. Não haverá privilégios, nem distinções, por motivo de nascimento, sexo, raça, profissões próprias ou dos pais, classe social, riqueza, crenças religiosas ou idéias políticas.[115]

Outro aspecto a ser ressaltado nessa norma da Carta Magna de 1934 é a menção apenas a brasileiros e estrangeiros, omitindo a especificação quanto aos estrangeiros residentes no País, o que, no nosso entendimento, parece mais correto, conforme trataremos a seguir.

---

[114] *Apud* José Cretella Júnior (op. cit., p. 178).
[115] Idem, p. 178.

Já a Constituição de 1937 passa para a norma do art. 122 o preceito relativo aos direitos fundamentais: "A Constituição assegura a brasileiros e estrangeiros residentes no País o direito à liberdade, à segurança individual e à propriedade, nos seguintes termos: 1. Todos são iguais perante a lei".[116] Aliás, essa tendência[117] continuou a confirmar-se nas Cartas Políticas subseqüentes, só vindo a ser alterada pela Constituição de 1988.

A Constituição de 1946, por seu turno, e seguindo a mencionada tendência, estabeleceu na regra do art. 141, § 1º: "A Constituição assegura aos brasileiros e aos estrangeiros residentes no País a inviolabilidade dos direitos concernentes à vida, à liberdade, à segurança individual e à propriedade, nos seguintes termos: Todos são iguais perante a lei".[118]

As Constituições de 1967 e de 1969[119] apresentaram igualdade quanto ao enunciado das normas dos arts. 150, § 1º, e 153, § 1º, respectivamente:

A Constituição assegura aos brasileiros e aos estrangeiros residentes no País a inviolabilidade dos direitos concernentes à vida, à liberdade, à segurança individual e à propriedade, nos seguintes termos: § 1º Todos são iguais perante a lei, sem distinção de sexo, raça, trabalho, credo religioso e convicções políticas. Será punido pela lei o preconceito de raça.[120]

O que pode, porventura, causar espécie, é o fato de que as duas Leis Maiores dos piores momentos em que vigorava o regime ditatorial em nosso País fize-

---

116 José Cretella Júnior (op. cit., p. 178).

117 Tendência essa já analisada, de que, em cada edição de uma nova Constituição brasileira, a referência aos direitos fundamentais é feita em enunciado de norma que se encontra desmerecida, por se encontrar cada vez mais distante, ao final do texto constitucional.

118 José Cretella Júnior (op. cit., p. 178).

119 A Constituição de 1969, apesar de denominada Emenda Constitucional nº 1 à Constituição de 1967, consiste em uma nova Carta Política, pois resulta de um movimento inaugural, típico do exercício do Poder Originário, e não do Poder Derivado ou Reformador.

120 *apud* José Cretella Júnior (op.cit., p. 178).

A Titularidade dos Direitos Fundamentais

ram referência aos direitos fundamentais, enquanto, na prática, os "atropelavam" em qualquer lugar do território brasileiro.[121] Nesse aspecto, podemos lembrar a presença da designação da "Constituição folha de papel",[122] de Ferdinand Lassale, já que sem a menor possibilidade de aplicação dessas normas constitucionais em virtude do regime político de ditadura então presente.[123]

E, por fim, como outrora referimos, só a Constituição de 1988 foi que trouxe para o início do texto as normas que estabelecem acerca dos direitos fundamentais, que são aquelas que se inserem no catálogo pela regra do art. 5º, do qual, vale lembrar, enuncia o *caput*: "Todos são iguais perante a lei, sem distinção de qualquer natureza, garantindo-se aos brasileiros e aos estrangeiros residentes no País a inviolabilidade do direito à vida, à liberdade, à igualdade, à segurança e à propriedade, nos termos seguintes", apesar de existirem outros direitos fundamentais que, embora se localizem fora do catálogo, também são expressamente constitucionais, e outros, ainda, que se integram pela norma do § 2º do art. 5º da Constituição.

---

[121] Nesse sentido, conclui Cármen Lúcia Antunes Rocha (*op. cit.*, p. 49): "O Brasil tem tão boa tradição de textos constitucionais de qualidade elevada e de retórica avançada quanto nenhuma tradição de práticas constitucionais coerentes com o quanto posto nas normas jurídicas".

[122] Ferdinand Lassale, em *O que é uma Constituição Política*, p. 19, ressalva a importância da Constituição material-sociológica, inclusive no que se refere à aplicação das normas constitucionais. Diz o autor: "Os problemas constitucionais não são problemas jurídicos, mas de poder, pois a verdadeira constituição é real e efetiva. As constituições escritas, formalizadas em um documento, não terão valor, nem serão duráveis se não forem a expressão fidedigna dos fatores do poder. Uma Constituição política elaborada em desacordo com esses fatores, seria um corpo sem alma, mera folha de papel".

[123] Entendemos ser o regime ditatorial, antes de tudo, consistente na maior e mais horrenda forma de restrição e impossibilidade de exercício dos direitos fundamentais, afrontando, significativamente, a dignidade humana.

2.3. A titularidade dos direitos fundamentais em perspectiva comparada constitucional

Podemos observar, a partir de uma análise do Direito Constitucional Comparado, que nas Cartas Magnas dos mais diversos Estados hodiernos a indicação da titularidade dos direitos fundamentais também apresenta-se imprecisa, como observamos que ocorre na atual Constituição brasileira, apesar de encontrarem-se em título específico (Título II – Dos direitos e garantias fundamentais).

Nas Constituições pesquisadas,[124] apesar de existir uma verdadeira "confusão terminológica", a expressão lingüística detentora da função de identificação dos titulares dos direitos fundamentais mais comum é *cidadão*, seguida de *nacional, pessoa* (física, na maioria das vezes, e, em algumas, física e jurídica) e *homem*, como gênero humano, além da referência a *estrangeiros* (ou não-nacionais) e *estrangeiros residentes no País*.

Embora ocorra a adoção de uma grande variação de expressões que objetivam indicar os titulares dos direitos fundamentais, nas Constituições de diversos Estados, limitar-nos-emos a apresentar, dentre as Constituições estudadas, aquelas que são detentoras, entre suas normas, de título ou capítulo dedicado expressamente à disciplina dos direitos fundamentais, quais sejam:

• A Lei Constitucional da República Popular de Angola denomina o Título II em "Dos direitos e deveres fundamentais", e, na regra de seu art. 17, indica como titulares a pessoa humana e o cidadão.[125]

---

[124] BRASIL. SENADO FEDERAL. (*Direitos Humanos – Declarações de Direitos e Garantias*). 2ª ed.

[125] "Artigo 17: O Estado respeita e protege a pessoa e dignidade humanas. Todo cidadão tem direito ao livre desenvolvimento da sua personalidade, dentro do respeito devido aos direitos dos outros cidadãos e aos superiores interesses do povo angolano. A lei protegerá a vida, a liberdade, a integridade pessoal, o bom nome e a reputação de cada cidadão".

- A Constituição da Nação argentina, em sua primeira parte, em capítulo único, enuncia as declarações, direitos e garantias que são assegurados aos cidadãos (art. 8º),[126] a todos os habitantes da Nação (artigos 14, 17 e 18)[127] e aos homens, como gênero humano (art.19).[128]

- A Constituição Federal austríaca, composta pelas denominadas "Leis Constitucionais declaradas vigentes", confere os direitos fundamentais à pessoa[129] (art. 11 da Lei Fundamental do Estado de 21 de dezembro de 1867) e aos cidadãos do Estado[130] (art. 2º, 3º e seguintes, da mesma Lei Fundamental).

- A Constituição da República da Bulgária, em seu Capítulo Primeiro, apresenta o que denomina de "Princípios Básicos", fazendo referência ao homem (gênero) e aos cidadãos,[131] enquanto no Capítulo Segundo apresenta os Direitos e Deveres Fundamentais dos Cidadãos,

---

[126] "Art. 8º: Os cidadãos de cada província gozam de todos os direitos, privilégios e imunidades inerentes ao título de cidadão também nas demais. A extradição dos criminosos é de obrigação recíproca entre todas as províncias".

[127] "Art. 14: Todos os habitantes da Nação gozam dos seguintes direitos conforme as leis que regulamentem seu exercício. (...)"

[128] "Art. 19: As ações privadas dos homens, que de nenhum modo ofendam à ordem e à moral pública, nem prejudiquem a um terceiro, estão somente reservadas a Deus, e isentas da autoridade dos magistrados. Nenhum habitante da Nação será obrigado a fazer o que não autoriza a lei, nem privado daquilo que ela não proíbe".

[129] "Art. 11: Toda pessoa terá direito de petição (Petitionsrecht). Somente poderão ser formuladas por corporações ou associações legalmente reconhecidas petições em nome coletivo".

[130] "Art. 2º: Todos os cidadãos do Estado são iguais perante a lei".
"Art. 3º: Os cargos públicos (Die öffentlichen Anter) serão acessíveis igualmente a todos os cidadãos do Estado. Para o desempenho por estrangeiros, se exigirá como condição prévia a aquisição do direito de cidadania austríaca".

[131] "Art. 6º (1) Todos os homens nascem livres e iguais em dignidade e direitos.
(2) Todos os cidadãos são iguais perante a lei. Não se admite nenhuma restrição de direitos ou privilégios em virtude de raça, nacionalidade, pertinência étnica, sexo, ascendência, religião, educação, idéias, filiação política, condição pessoal e social, ou estado material".

chegando a definir o cidadão búlgaro (art. 25 - 1)[132] e a estender direitos aos estrangeiros residentes no País (art. 26 - 2), excetuando os direitos privativos do cidadão búlgaro.[133] Mas é só na norma do artigo 57 desse mesmo capítulo que ocorre a garantia de inalienabilidade dos direitos fundamentais aos cidadãos.[134]

- A Constituição da República de Cabo Verde, em seu Título II, "Dos Direitos, Liberdades, Garantias e Deveres Fundamentais dos Cidadãos", com início na regra do artigo 22,[135] utiliza a expressão *cidadão* para conferir-lhe os direitos fundamentais.

- A Constituição Política da República do Chile denomina seu Capítulo III "De los Derechos y Deberes Constitucionales", partindo da norma do art. 19,[136] a qual determina os direitos e deveres constitucionais a todas as pessoas – o que nos parece correto, como uso da expressão para a indicação dos titulares dos direitos fundamentais.

- A Constituição da República Popular da China utiliza a expressão *cidadão*, em seu Capítulo II, "Direitos

---

[132] "Art. 25 (1) Cidadão búlgaro é todo aquele do qual ao menos um de seus pais for cidadão búlgaro ou que tenha nascido no território da República da Bulgária, sem adquirir originariamente outra cidadania. Pode-se adquirir cidadania búlgara também por naturalização".

[133] "Art. 26 (1) Os cidadãos da República da Bulgária, onde quer que se encontrem, gozam de todos os direitos e têm todos os deveres segundo esta Constituição.
(2) Os estrangeiros residentes na República da Bulgária têm todos os direitos e todos os deveres contemplados nesta Constituição, exceto os direitos e os deveres para os quais a Constituição e as leis exigem a cidadania búlgara".

[134] "Art. 57 (1) Os direitos fundamentais dos cidadãos são inalienáveis.
(2) Não se admite o abuso de direitos nem seu exercício se transgride direitos ou interesses legítimos de outros".

[135] "Art. 22: Todos os cidadãos são iguais perante a lei, gozam dos mesmos direitos e estão sujeitos aos mesmos deveres, sem distinção de sexo, nível social, intelectual ou cultural, crença religiosa ou convicção filosófica".

[136] "Artigo 19: A Constituição assegura a todas as pessoas: 1) O direito à vida e à integridade física e psíquica da pessoa. (...) 2) A igualdade perante a lei. No Chile não há pessoa nem grupo privilegiados. No Chile não há escravos, e o escravo que pisar em território chileno estará livre. (...) 3) A igual proteção da lei ante o exercício de direitos.(...)"

A Titularidade dos Direitos Fundamentais **59**

e Deveres Fundamentais dos Cidadãos", a partir da regra do artigo 33.[137]

• A Constituição da República da Coréia do Sul, do mesmo modo que a da República Popular da China, em seu Capítulo II, "Direitos e Deveres dos Cidadãos", começando na norma do artigo 10,[138] também emprega o termo *cidadão*, para depois garantir os direitos fundamentais aos indivíduos.

• A Constituição Política da República da Costa Rica, no Título IV, "Derechos y Garantías Individuales", os endereça ao homem (como gênero), ao costa-riquense (em vez de nacional) e aos habitantes da República.[139]

• A Constituição da República de Cuba, quando trata da matéria relativa à cidadania (Capítulo II), refere-se somente aos cubanos (artigo 32), enquanto que, quando refere-se aos estrangeiros (Capítulo III, artigo 34), considera somente os residentes em territórios da República. Já no Capítulo VI, intitulado "Igualdade", menciona os cidadãos (artigo 41), assim como no Capítulo VII, Direitos, Deveres e Garantias Fundamentais (artigo 45).[140]

---

[137] "Artigo 33: É cidadão da República Popular da China todo aquele que tenha adquirido a nacionalidade da mesma. Todos os cidadãos da República Popular da China são iguais perante a lei. Todos os cidadãos gozam dos direitos estabelecidos pela Constituição e pelas leis e, ao mesmo tempo, devem cumprir com os deveres nelas contidos".

[138] "Artigo 10: A todos os cidadãos serão assegurados o valor e a dignidade humana e o direito à busca da felicidade. Será dever do Estado confirmar e garantir aos indivíduos os direitos humanos fundamentais e invioláveis".

[139] "Artigo 20: Todo homem é livre na República, não podendo ser escravo quem se encontre sob a proteção de suas leis.
Artigo 22: Todo costa-riquense pode transitar e permanecer em qualquer ponto da República ou fora dela, sempre que se encontre livre de responsabilidade, e voltando quando lhe convenha. Não se poderá exigir dos costa-riquenses requisitos que impeçam seu ingresso no país.
Artigo 23: O domicílio e todo outro recinto privado dos habitantes da República são invioláveis. (...)"

[140] "Artigo 32: Os cubanos não poderão ser privados de sua cidadania, salvo por causas legalmente estabelecidas; tampouco poderão ser privados do direito de mudar a cidadania. (...)

- A Constituição do Reino da Dinamarca, no Capítulo VII, "A Igreja Nacional: outras entidades religiosas", com início na regra do artigo 66, fala em *cidadãos*, e, no Capítulo VIII, "Direito de Liberdade Pessoal", o confere ao cidadão dinamarquês (artigo 71, § 1º).[141]
- A Constituição Política da República de El Salvador emprega as expressões "pessoa humana", "habitantes da República" (ambas no Título I, A Pessoa Humana e os Fins do Estado, artigo 1º) e somente "pessoa" (Título II, Dos Direitos e Garantias Fundamentais da Pessoa, Primeira Seção, Dos Direitos Individuais, artigo 2º).[142]
- A Constituição Política da República do Equador, por sua vez, assegura somente à pessoa os direitos, deveres e garantias (Título II, seção I, Dos direitos da pessoa), a partir da norma do artigo 19.[143]

Artigo 34: Os estrangeiros residentes em territórios da República equiparam-se aos cubanos: – na proteção de suas pessoas e bens; – no gozo dos direitos e cumprimento dos deveres reconhecidos nesta Constituição sob as condições e com as limitações que fixa a lei. (...)
Artigo 41: Todos os cidadãos gozam de iguais direitos e estão sujeitos a iguais deveres.
Artigo 45: O trabalho na sociedade socialista é um direito, um dever e um motivo de honra para cada cidadão. (...)"

[141] "Artigo 67: Os cidadãos têm o direito de se reunir em comunidades para o culto de Deus segundo suas convicções, desde que eles não ensinem nem pratiquem nada que seja contrário aos bons costumes ou à ordem pública.
Artigo 71, § 1º: A liberdade individual é inviolável. Nenhum cidadão dinamarquês pode, por causa de suas convicções políticas ou religiosas, ser privado de sua liberdade, de qualquer forma".

[142] "Artigo 1º: El Salvador reconhece à pessoa humana como a origem e o fim da atividade do Estado, o qual está organizado para a realização da justiça, da segurança jurídica e do bem comum. Em conseqüência, é obrigação do Estado assegurar aos habitantes da República o gozo da liberdade, da saúde, da cultura, do bem-estar econômico e da justiça social.
Artigo 2º: Toda pessoa tem direito à vida, à integridade física e moral, à liberdade, à segurança, ao trabalho, à propriedade e à posse, a serem protegidos na conservação e defesa dos mesmos".

[143] "Artigo 19: Sem prejuízo de outros direitos necessários para o pleno desenvolvimento moral e material que se deriva da natureza da pessoa, o Estado lhe garantirá: 1) a inviolabilidade da vida e a integridade pessoal. Não há pena de morte. Estão proibidas as torturas e todo procedimento desumano ou degradante. 2) o direito de viver em um meio ambiente livre de contaminação. (...)"

A Titularidade dos Direitos Fundamentais

- A Constituição Espanhola refere-se à pessoa (Título I, Dos direitos e deveres fundamentais, artigo 10), a "todos" e a "toda pessoa" (capítulo II, direitos e liberdades, 1ª seção, dos direitos fundamentais e das liberdades públicas, começando no artigo 15).[144]

- A Constituição dos Estados Unidos da América não possui um catálogo expresso de direitos fundamentais, como a maioria das Constituições pesquisadas, mas emprega a expressão "pessoa", de modo genérico, em vários enunciados de suas normas, como na do artigo IV, seção 2.[145]

- A Constituição da República das Filipinas detém sua Declaração de Direitos, na regra do artigo III, a partir da seção 1a, utilizando o termo *pessoa*.[146]

- A Lei Constitucional da Finlândia enuncia, em seu capítulo II, os direitos gerais e a proteção jurídica dos cidadãos finlandeses, garantindo-lhes os direitos fundamentais, a partir da norma do art. 5º.[147]

---

[144] "Artigo 10: 1) A dignidade da pessoa, os direitos invioláveis que lhe são inerentes, o livre desenvolvimento da personalidade, o respeito à lei e aos direitos dos demais são fundamento da ordem política e da paz social. 2) As normas relativas aos direitos fundamentais e as liberdades que a Constituição reconhece se interpretarão em conformidade com a Declaração Universal dos Direitos Humanos e os tratados e acordos internacionais sobre as mesmas matérias ratificadas pela Espanha".
Artigo 15: Todos têm direito à vida e à integridade física e moral, sem que, em nenhum caso, possam ser submetidos à tortura nem a penas ou tratamentos desumanos ou degradantes. Está abolida a pena de morte, salvo ao que podem dispor as leis penais militares quando em tempos de guerra".

[145] "Artigo IV, Seção 2: A pessoa acusada em qualquer Estado por crime de traição, ou outro delito, que se evadir à justiça e for encontrada em outro Estado, será, a pedido da autoridade executiva do Estado de onde tiver fugido, presa e entregue ao Estado que tenha jurisdição sobre o crime".

[146] "Seção 1ª: Nenhuma pessoa será privada da vida, liberdade, ou propriedade sem o adequado procedimento legal, e nem será negada a qualquer pessoa a igual proteção da lei".

[147] "Artigo 5º: Todos os cidadãos finlandeses são iguais perante a lei.
Artigo 6º: Todo cidadão finlandês será protegido pela lei em sua vida, honra, liberdade pessoal e propriedade".

- A Constituição da França, a partir da regra do seu artigo 1º, já inicia o que demonstra ao longo do seu texto, que é dirigir-se ao homem.[148]
- A Constituição da República de Guiné-Bissau endereça aos cidadãos os direitos, liberdades, garantias e deveres fundamentais (Título II), começando pela norma do artigo 23.[149]
- A Constituição da República Popular da Hungria elenca os direitos e deveres fundamentais dos cidadãos (Capítulo VII), iniciando pela regra do artigo 54.[150]
- A Constituição da República Islâmica do Irã confere aos cidadãos os direitos fundamentais – aliás, menciona direitos humanos, a partir da norma do artigo 20,[151] e também refere-se às pessoas (artigo 22), ambos no capítulo denominado os direitos dos cidadãos (Capítulo 3º).
- A Constituição da República Italiana garante ao homem (artigo 2º) e aos cidadãos (artigo 3º)[152] os direitos fundamentais, dentre seus princípios fundamentais.

[148] "Artigo 1º: Os homens nascem e permanecem livres e iguais em direitos. As distinções sociais não podem fundar-se em nada mais do que na utilidade comum".

[149] "Artigo 23: Todos os cidadãos são iguais perante a lei, gozam dos mesmos direitos e estão sujeitos aos mesmos deveres, sem distinção de raça, sexo, nível social, intelectual ou cultural, crença religiosa ou convicção filosófica"

[150] "Artigo 54: 1) A República Popular da Hungria respeita os direitos humanos. 2) Na República Popular da Hungria, os direitos dos cidadãos devem ser compatíveis com os interesses da sociedade socialista; o exercício dos direitos é inseparável do cumprimento dos deveres de cidadão. 3) Na República Popular da Hungria os direitos e deveres fundamentais dos cidadãos são estabelecidos por lei".

[151] "Artigo 20: Todos os cidadãos da nação, tanto homens como mulheres, terão igual proteção perante a lei, e todos os direitos humanos, políticos, econômicos, sociais e culturais serão baseados nos princípios islâmicos. Artigo 22: O respeito à vida, à propriedade, aos direitos à habitação e à ocupação das pessoas são invioláveis, exceto em situações em que a lei o permita".

[152] "Artigo 2º: A República reconhece e garante os direitos invioláveis do homem, seja como ser individual, seja no seio da sociedade onde desenvolve a sua personalidade, e pelo cumprimento dos deveres irrevogáveis de solidariedade política, econômica e social. Artigo 3º: Todos os cidadãos têm a mesma dignidade social e são iguais

• A Constituição do Japão, de modo diverso das demais Constituições observadas, garante ao povo os direitos fundamentais humanos[153] – como denomina, em capítulo relativo aos direitos e deveres do povo (capítulo III).

• A Constituição Política dos Estados Unidos Mexicanos, em seu Título primeiro, capítulo I, expressa o indivíduo como remetente do enunciado de suas garantias individuais,[154] a partir da regra do artigo 1º.

• A Constituição da República Popular de Moçambique confere aos cidadãos os direitos fundamentais, em seu título II (direitos e deveres fundamentais dos cidadãos), iniciando com a norma do artigo 26.[155]

• A Constituição da Nicarágua utiliza os termos "pessoa humana" e "pessoa" para garantir-lhes os direitos fundamentais, a partir da regra do artigo 23,[156] inserida no capítulo I (Direitos Individuais), Título IV (Direitos, deveres e garantias do povo nicaragüense).

perante a lei, sem discriminação de sexo, de raça, de língua, de religião, de opiniões políticas, de condições pessoais ou sociais. (...)"

[153] "Artigo 11: O povo não será privado do gozo de nenhum dos direitos fundamentais humanos. Estes direitos fundamentais humanos assegurados ao povo por esta Constituição serão concedidos ao povo desta e das futuras gerações como direitos eternos e invioláveis".

[154] "Artigo 1º: Nos Estados Unidos Mexicanos todo indivíduo gozará das garantias que outorga esta Constituição, as quais não poderão restringir-se nem suspender-se, senão nos casos e com as condições que ela mesma estabelece".

[155] "Artigo 26: Todos os cidadãos da República Popular de Moçambique gozam dos mesmos direitos e estão sujeitos aos mesmos deveres, independentemente da sua cor, raça, sexo, origem étnica, lugar de nascimento, religião, grau de instrução, posição social ou profissão. Todos os atos visando prejudicar a harmonia social, criar divisões ou situações de privilégio com base na cor, raça, sexo, origem étnica, lugar de nascimento, religião, grau de instrução, posição social ou profissão, são punidos pela lei".

[156] "Artigo 23: O direito à vida é inviolável e inerente à pessoa humana. Na Nicarágua não há pena de morte.
Artigo 24: Toda pessoa tem deveres para com a família, à comunidade, à pátria e à humanidade. Os direitos de cada pessoa estão limitados pelos direitos dos demais, pela segurança de todos e pelas justas exigências do bem comum".

• A Constituição da República do Paraguai assegura os direitos fundamentais aos habitantes da República e à pessoa,[157] no Capítulo V, denominado "Direitos, Garantias e Obrigações", em sua Seção 1ª, Dos Direitos Individuais, começando pela norma do artigo 48.

• A Constituição Política do Peru emprega os termos "pessoa" e "pessoa humana"[158] ao conferir os direitos previstos no Título I, Direitos e Deveres Fundamentais da Pessoa, e, no Capítulo I (Da pessoa).

• A Constituição da República Popular da Polônia remete os direitos fundamentais aos cidadãos, a partir da norma do art. 67,[159] no Capítulo 8 (Direitos e Deveres Fundamentais dos Cidadãos).

• A Constituição da República Portuguesa, refere-se ao cidadão, como titular dos direitos e deveres fundamentais (Parte I), Título I (Princípios Gerais), iniciando pela regra do artigo 12 (Princípio da universalidade).[160]

• A Constituição da República Socialista da Romênia também confere aos cidadãos os direitos fundamen-

---

157 "Artigo 48: Todos os habitantes da República têm direito ao livre desenvolvimento de sua personalidade, sem outras limitações além das derivadas do direito de terceiros e da ordem pública e social.
Artigo 50: Toda pessoa tem direito a ser protegida pelo Estado em sua vida, sua integridade física, sua liberdade,. Sua segurança, sua propriedade, sua honra e reputação".
158 "Artigo 1º: A pessoa humana é o fim supremo da sociedade e do Estado. Todos têm a obrigação de respeitá-la e protegê-la.
Artigo 2º: Toda pessoa tem direito: 1) À vida, a um nome próprio, à integridade física e ao livre desenvolvimento de sua personalidade. O que está por nascer se considera nascido para tudo o que lhe favorece. 2) À igualdade, perante a lei, sem discriminação alguma por razão de sexo, raça, religião, opinião ou idioma. (...)"
159 "Artigo 67. Os cidadãos da República Popular da Polônia têm os mesmos direitos independentemente de seu sexo, proveniência, instrução, profissão, nacionalidade, raça, religião, origem e situação social".
160 "Artigo 12 (Princípio da universalidade): 1) Todos os cidadãos gozam dos direitos e estão sujeitos aos deveres consignados na Constituição. 2) As pessoas coletivas gozam dos direitos e estão sujeitas aos deveres compatíveis com a sua natureza".

A Titularidade dos Direitos Fundamentais

tais, a partir da norma do art. 17,[161] Título II (Direitos e deveres fundamentais dos cidadãos).

• A Constituição da República Democrática de São Tomé e Príncipe demonstra, do mesmo modo que as anteriores, a referência ao cidadão como titular de direitos fundamentais, em Capítulo próprio para regulamentar a matéria (Capítulo II – Dos direitos, liberdades e deveres fundamentais do cidadão), começando pela norma do art. 9°.[162]

• As Leis Fundamentais da Suécia, da mesma forma que a maioria das Constituições pesquisadas, endereça ao cidadão as Liberdades e Direitos Fundamentais (Capítulo II).[163]

• A Constituição Federal da Confederação Suíça não possui um catálogo, nem um capítulo específico à disciplina da matéria dos direitos fundamentais, todavia exprime, de modo genérico, a garantia de vários direitos fundamentais no decorrer de seu texto.[164]

• A Constituição da República do Suriname detém capítulo específico em que assegura direitos fundamentais, que denomina "Direitos Territoriais, Direitos e

---

[161] "Artigo 17: Os cidadãos da República Socialista da Romênia, sem distinção de nacionalidade, raça, sexo ou religião, são iguais em direitos em todos os campos da vida econômica, política, jurídica, social e cultural. O Estado garantirá a igualdade de direitos dos cidadãos. Nenhuma limitação destes direitos, nem diferenciação em seu exercício por razões de nacionalidade, raça, sexo ou religião são permitidas".

[162] "Artigo 9°: Os cidadãos são iguais perante a lei, sem distinção de origem social, raça, sexo ou tendências políticas, religiosas ou filosóficas".

[163] "Art. 1°: A todos os cidadãos, em relação à comunidade, garantir-se-á: 1) liberdade de expressão (...); 2) liberdade de informação (...); 3) liberdade de reunião (...); 4) liberdade de manifestação (...); 5) liberdade de associação (...); 6) liberdade de religião (...)".

[164] A título de exemplo: "Art. 22 - TER: 1) A propriedade é garantida. (...)", "Art. 36: (...) Garante-se a inviolabilidade do segredo das cartas e telegramas", "Art. 43: Qualquer cidadão de um cantão é cidadão suíço. (...) Em matéria cantonal e comunal, o cidadão torna-se eleitor após três meses de residência. (...)", "Art. 44: Nenhum nacional suíço pode ser expulso do território da Confederação ou do seu cantão de origem".

Liberdades Privados" (Capítulo V), no qual, de modo geral, refere-se a "todos" e a "ninguém", a partir da regra do art. 8º.[165]

• A Constituição da República Oriental do Uruguai, como a anterior, também destina parte específica de seu texto para assegurar direitos (Seção II, Direitos, Deveres e Garantias), e, do mesmo modo, menciona genericamente os titulares desses direitos, *v.g.*, "os habitantes da República" (art. 7º) e "as pessoas" (art. 8º).[166]

• A Constituição da República da Venezuela, em seu Título III (Dos Deveres, Direitos e Garantias), Capítulo III (Direitos Individuais), confere à pessoa os direitos do indivíduo como direitos fundamentais.[167]

Assim, a partir desses exemplos, verificamos que a expressão "cidadão" é utilizada pela maioria desses Estados (34,3%), seguida da combinação entre "habitantes da Nação e pessoa humana", ou "habitantes da Nação e homem", ou, ainda, "habitantes da Nação e indivíduo" (31,6%), e, depois, "pessoa humana e cidadão", ou "homem e cidadão" (23,7%), vindo, após, o termo "todas as pessoas", ou, simplesmente, "todos" (7,8%), e, posteriormente, a indicação do "povo" (2,6%) como titular de direitos fundamentais.

---

[165] "Art. 8º: 1) Todos que se encontram em território surinamês têm direito igual à defesa da pessoa e dos bens. 2) Ninguém pode ser discriminado por causa de nascimento, sexo, raça, língua, religião, proveniência, educação, convicção política, posição econômica, condição social ou qualquer outra condição. Art. 9º: 1) Todos têm direito à integridade física, psíquica e moral. 2) Ninguém pode ser submetido a torturas, tratamentos ou castigos humilhantes ou desumanos".

[166] "Art. 7º: Os habitantes da República têm direitos a ser protegidos no gozo de sua vida, honra, liberdade, segurança, trabalho e propriedade. Ninguém pode ser privado destes direitos senão conforme as leis que se estabelecerem por razões de interesse geral.
Art. 8º: Todas as pessoas são iguais perante a lei, não sendo reconhecida outra distinção entre elas senão em razão de seus talentos ou virtudes".

[167] "Artigo 59: Toda pessoa tem direito a ser protegida contra prejuízos de sua honra, reputação ou vida privada".

Ainda quanto às Constituições contemporâneas, mas no que se refere à presença de declaração de direitos no corpo de seus textos, interessante classificação é apresentada por Pablo Jiménez Serrano e Sidney Barletta Júnior,[168] em que selecionam as Constituições mundiais em quatro espécies: liberais, transformistas, socialistas e ditatoriais, as quais trazemos ao presente estudo em vista da importância da observação ideológica e de regime político, ou seja, as estruturas de poder adotadas pelos Estados hodiernos, a fim de propiciar uma melhor compreensão quanto à presença (ou não) de catálogo de direitos fundamentais nessas Cartas Políticas e, por conseguinte, a indicação dos titulares desses direitos.

A primeira modalidade classificatória refere-se às denominadas Constituições liberais, que, segundo os autores, "consubstanciam primordialmente os elementos liberais individuais",[169] subdividindo-se em liberais típicas, as que não possuem declaração de direitos sociais, como a dos Estados Unidos e a da Bélgica, e em liberais com reconhecimento de direitos sociais, como a da Itália, a da República Federal da Alemanha, a da Suécia, a da Dinamarca, a do México e as da maioria dos países da América Latina. Os doutrinadores referidos ressaltam também ser o caso da Constituição francesa, porém de modo indireto, uma vez que detém previsão, em seu Preâmbulo, do reconhecimento dos direitos do homem estabelecidos pela Declaração de 1789, a qual encontra-se confirmada e integrada pelo Preâmbulo da Constituição de 1946, e enuncia os direitos sociais.

A segunda espécie contempla as Constituições ditas transformistas, as quais demonstram, implícita ou expressamente, a promessa de transição para o socialis-

---

[168] Pablo Jiménez Serrano e Sidney J. Barletta Júnior (*Teoria dos Direitos Humanos*, p. 60 e ss.).
[169] Idem, *op. cit.*, p. 61.

mo democrático pluralista, como a de Portugal, que data de 1976, tendo passado por processo de revisão em 1982, a da Espanha (1978), a do Peru (1979) e, segundo os autores,[170] a do Brasil (1988), por seu conteúdo social, no entanto, sem prometer o socialismo. A terceira espécie, das Constituições socialistas, congrega as Cartas Políticas que consubstanciam elementos sociais de igualdade, permanecendo, por enquanto, com essa pretensão, a da Algéria, a de Cuba (1976), da China (1982), da Coréia do Norte, da Mongólia e do Vietnam. Prosseguindo nessa linha de raciocínio, os mencionados autores ressalvam: "Mas esses Estados e respectivas constituições passam, neste momento, por profundas transformações, desde que a URSS desapareceu no dia 21 de dezembro de 1991, com a independência de várias de suas Repúblicas, surgindo em seu lugar uma Comunidade de Estados Independentes (CEI) integrada pela Rússia, Ucrânia e a Bielorússia; a República Democrática da Alemanha integrou-se na República Federal da Alemanha, unificando-se num único Estado de caráter socioliberal. As demais Repúblicas Populares desfazem-se em dissídios internos tendendo para a constituição de um novo regime, não socialista, mas talvez nem capitalista, possivelmente social-democrático, ou até simplesmente ditatorial".[171]

A quarta espécie abrange as denominadas Constituições ditatoriais, as quais "não reconhecem formalmente nem permitem que se desenvolvam substancialmente os direitos do homem, nem nas suas dimensões liberais nem nas sociais, assim como as que, embora formalmente os enunciem, contenham elementos formais que os

---

170 Pablo Jiménez Serrano e Sidney J. Barletta Júnior (*Teoria dos Direitos Humanos*, p. 61).
171 Idem, *op. cit.*, p. 61 e 62.

A Titularidade dos Direitos Fundamentais

nulifiquem ou são simplesmente ineficazes por via de uma estrutura de poder dominante".[172]

As Constituições ditatoriais se subdividem nas que não enunciam os direitos do homem ou o fazem muito vagamente, *v.g.*, a de Gana, de Tanganica, do Ceilão, do Afeganistão (1930), do Brunei, do Camboja (1959), de Cingapura; nas que trazem uma afirmação de princípios, mas que acabam por nulificar tais princípios pela introdução de numerosas exceções e pormenores de aplicação, *v.g.*, a da Árabia Saudita, do Iraque, do Egito, da Etiópia, da Nigéria, do Marrocos, de Uganda, de Serra Leoa, da Birmânia e do Nepal; nas que reconhecem os direitos individuais e sociais do homem, embora dominadas por estruturas de poder que desmerecem o valor de suas normas e seus princípios, como os citados autores esclarecem: "não raro, têm sido os regimes da América Latina em geral, felizmente também em processo de democratização. Cumpre, ainda, ter em mente que a instabilidade constitucional dos Estados do Terceiro Mundo tem sido tão grande que raramente se pode afirmar, com precisão, a vigência, em dado momento, dos direitos fundamentais do homem".[173]

As Cartas Políticas dessa quarta espécie, as ditatoriais, demonstram que, embora algumas tenham assegurado direitos, em seus textos, a afirmação da titularidade e da própria garantia dos direitos se torna prejudicada em virtude da estrutura de poder dominante vigente, pois, ainda que as normas constitucionais enunciem os direitos fundamentais, eles não terão a mínima possibilidade de exercício.

---

[172] Idem, *op. cit.*, p. 62.
[173] Ibidem.

70

Anelise Coelho Nunes

3. A problemática do alcance da titularidade no Direito Constitucional brasileiro

3.1. Considerações preliminares

A norma do *caput* do artigo 5º de nossa Constituição Federal assegura os direitos e garantias fundamentais aos brasileiros e aos estrangeiros residentes no País,[174] como já mencionamos anteriormente.

Partindo de uma análise do proposto pelo enunciado, no que se refere aos brasileiros e aos estrangeiros residentes no País, verificamos, inicialmente, que ocorre uma indagação, a partir da qual se desdobram outras três.

A primeira considera o aspecto literal da expressão, ou seja, que somente os brasileiros e os estrangeiros residentes no País seriam os titulares dos direitos fundamentais?

A segunda, decorrente da primeira, pergunta: os estrangeiros não-residentes, mesmo que em território brasileiro, seriam excluídos da incidência dessa norma?

---

[174] "Art. 5º. Todos são iguais perante a lei, sem distinção de qualquer natureza, garantindo-se aos brasileiros e aos estrangeiros residentes no País a inviolabilidade do direito à vida, à liberdade, à igualdade, à segurança e à propriedade, nos termos seguintes:".

A Titularidade dos Direitos Fundamentais

A terceira, se a pessoa jurídica e os entes desperso-nalizados poderiam ser titulares de direitos fundamen-tais, já que o capítulo constitucional elenca "Dos direitos e deveres individuais e coletivos"?

A quarta, se são apenas os direitos e garantias constantes desse artigo que são reconhecidos aos brasi-leiros e aos estrangeiros residentes no País como seus titulares?

Essas indagações demonstram a existência de uma problemática a ser resolvida.

À primeira questão, poderíamos afirmar, simplifi-cadamente, a partir de uma extração do sentido da norma do cabeça do referido dispositivo constitucional, que a referência é feita ao povo brasileiro, considerando que os brasileiros, tanto os natos como os naturalizados, e os estrangeiros residentes no País constituem o ele-mento humano componente do Estado brasileiro.

No entanto, ainda antes de tentarmos uma aproxi-mação de suficientes e adequadas respostas às indaga-ções propostas, trataremos a referida problemática que envolve os titulares dos direitos fundamentais de modo específico, nos itens seguintes, os quais abordam o estudo do alcance da titularidade.

3.2. A Pessoa Física

Iniciamos por apresentar a lição de Hans Kelsen, quanto à definição da pessoa física, no que se refere à identificação do sujeito jurídico como o de pessoa, conforme a teoria tradicional. Segundo o autor:

> Eis a sua definição: pessoa é o homem enquanto sujeito de direitos e deveres. Dado que, porém, não só o homem mas também outras entida-des, tais como certas comunidades como associações, as sociedades por ações, os municípios, os Estados são apresentados como pessoas, defi-ne-se o conceito de pessoa como "portador" de direitos e de deveres

jurídicos, podendo funcionar como portador de tais direitos e deveres não só o indivíduo, mas também estas outras entidades. O conceito de um "portador" de direitos e deveres jurídicos desempenha na teoria tradicional da pessoa jurídica um papel decisivo. Se é o indivíduo o portador de direitos e deveres jurídicos considerados, fala-se de uma pessoa física; se são estas outras entidades as portadoras dos direitos e deveres jurídicos em questão, fala-se de pessoas jurídicas.[175]

Serpa Lopes estabelece que, ao estudarmos a relação jurídica, em sua duplicidade de sujeitos, ativo e passivo, observamos que qualquer uma dessas duas figuras é denominada pessoa, de modo que a pessoa natural é o ser humano considerado como sujeito de direitos e obrigações.[176]

Maria Helena Diniz, no entanto, adverte:

Contudo, civilistas e legislações não chegam a um acordo para a denominação da pessoa humana como ente jurídico. Nosso Código Civil[177] adotou a expressão "pessoa natural". Contra ela insurgiu-se Teixeira de Freitas porque tal denominação dá a entender que existem "pessoas não-naturais", o que não corresponde à realidade, pois os entes criados pelo espírito humano também são naturais, por serem idéias personificadas; são, portanto, tão naturais quanto o espírito que os gerou. Propôs, então, que se usasse a expressão "ser de existência visível", para designar o homem, em contraposição aos entes coletivos, que denominou "seres de existência ideal", nomenclatura adotada pelo Código civil argentino (arts. 31 e 32), que aceitou essa inovação. Entretanto, essa expressão não satisfaz, pois apenas atende à corporalidade do ser humano. "Pessoa física" é a designação na França e na Itália e usada na legislação brasileira para regulamentar imposto sobre a renda. Clara é a imprecisão dessa terminologia, porque desnatura o homem, ao realçar seu aspecto material, sem considerar suas qualidades morais e espirituais, que são elementos integrantes de sua personalidade. O termo "pessoa individual", por sua vez, é bastante impróprio, ante a existência de pessoas de existência ideal, que não são coletivas. Segundo a orientação de nossa legislação civil e dos civilistas nacionais, aderimos à denominação "pessoa natural", que designa o ser humano tal como ele é.[178]

Assim, a pessoa física, também denominada como pessoa natural, nas palavras do célebre vernaculista, De

---

[175] Hans Kelsen (*Teoria Pura do Direito*, p. 191).

[176] Serpa Lopes (*Curso de Direito Civil*, p. 253).

[177] Aqui a autora menciona o Código anterior, de 1915.

[178] Maria Helena Diniz (*Curso de Direito Civil Brasileiro*, 1º volume, p. 86).

A Titularidade dos Direitos Fundamentais

Plácido e Silva, consiste no "ente humano, juridicamente considerado",[179] ou, ainda, "denominação que se atribui ao ser humano".[180]

Portanto, vale a pena lembrar, como abordamos anteriormente, que os direitos fundamentais surgiram especialmente em função do ser humano, sob a modalidade de direitos individuais.

Nesse sentido, importante é a lição de Francisco Porrua Perez, adepto da concepção dos direitos naturais:

> Los derechos individuales son naturales. Decimos que son naturales los derechos de la persona humana porque encuentram su fundamento en la propia naturaleza del individuo. Se observa, al estudiar la persona humana, al estudiar la personalidad metafísica, que de esa personalidad se derivan una serie de derechos; esos derechos, por corresponder a la natureza del hombre, son naturales, para poner de relieve en forma clara el porque de esa expresión. Tiene la importancia extraordinaria esta afirmación de que siendo los derechos de la persona naturales están colocados en forma anterior y superior a la comunidad política. Los derechos naturales no son el resultado de una concesión de la comunidad política. De ahí la consecuencia extraordinaria que el Estado, como dice Dabin, por derivar directamente de la natureza del hombre, debe respetarlos y proteger los derechos de la persona humana y es uno de los motivos, el más importante, de su justificación. El Estado tiene una razón de ser, tiene un motivo en su existencia, el motivo más poderoso para que exista el Estado se deriva precisamente de la necesidad de que el Estado proteja los derechos de la persona humana porque son anteriores y superiores al mismo Estado, importando fijarse en esta corriente de pensamiento porque se opone completamente a la doctrina socialista.[181]

Magdalena Lorenzo Rodríguez-Armas filia-se à doutrina que promove íntima conexão entre direitos fundamentais e direitos naturais, no capítulo de sua obra denominado "Planteamiento de la doctrina: Derechos fundamentales como Derechos naturales, como

---

[179] De Plácido e Silva (*Vocabulário jurídico*, p. 609).

[180] Idem, p. 608.

[181] Francisco Porrua Perez (*Doctrina política de las garantias individuales*, p. 67 e 68).

Derechos del hombre, como Derechos públicos subjetivos y como Derechos humanos", no qual ressalta:

La teoría clásica del derecho natural supone su validez para todos los tiempos y todos los hombres; en este sentido es como entendemos el origen de la acepción "derecho natural". A. Kaufmann mantiene esta idea y la afianza com las siguientes palabras de Platón, pronunciadas por Hipias, en el Protágoras: "Mi opinión es que los hombres somos semejantes, parientes y conciudadanos no de acuerdo com la ley sino de acuerdo com la naturaleza.[182]

Embora entendamos que os direitos fundamentais e os direitos naturais configurem expressões distintas, em virtude, principalmente, do inegável caráter histórico e dimensionamento evolutivo dos primeiros (conforme já analisamos em capítulo inicial) – não ocorre, do mesmo modo, com os direitos naturais, por abstraírem sua concepção na natureza humana[183] (diga-se, imutável) –, concordamos ser fato notório que a essência de muitos direitos fundamentais vai encontrar respaldo justamente na natureza humana, como o próprio direito à vida.

Assim, resta-nos clara a noção de que a pessoa física, como ser humano juridicamente considerado, é titular de direitos e obrigações, ou, como Kelsen prefere, portador de direitos e deveres, e, conseqüentemente, de direitos fundamentais.

Em vista disso, se estabelecermos uma interpretação restrita, limitada e especificamente fundada na regra do cabeça do art. 5º de nossa Constituição Federal, concluiremos de maneira simples que os tutelados são as pessoas físicas.[184]

---

[182] Magdalena Lorenzo Rodríguez-Armas (*Análisis del contenido esencial de los derechos fundamentales*, p. 19).

[183] Miguel Reale (*Lições preliminares de Direito*, p. 311) esclarece que se trata da denominada Lei Natural de Aristóteles, também presente nas lições de Sócrates, como expressão da natureza das coisas: "Sendo expressão da natureza humana, o Direito Natural é igual para todos os homens, não sendo um para os civilizados atenienses e outro para os bárbaros".

[184] É o que explica Tupinambá Miguel Castro do Nascimento, (*Comentários à Constituição Federal: Direitos e garantias fundamentais*, volume 2, p. 20), indicando os brasileiros natos e os naturalizados e os estrangeiros aqui residentes.

A Titularidade dos Direitos Fundamentais

Nesse sentido, José Afonso da Silva afirma: "O princípio é o de que os direitos e garantias assegurados nos incisos do art. 5º se dirigem às pessoas físicas, ao indivíduo, e não às pessoas jurídicas".[185]

Desse modo, Manoel Gonçalves Ferreira Filho declara, quanto ao titular do direito fundamental, que "o seu sujeito ativo, o titular do poder de agir, é todo e cada um dos seres humanos. Isto era justificado no século XVIII pela igual natureza de todos os seres humanos; hoje prefere-se enfatizar a sua igual dignidade, para desvincular esses direitos de sua conotação jusnaturalista".[186]

3.2.1. Os Brasileiros

Os brasileiros natos são aqueles que possuem, como nacionalidade de origem – também chamada de nacionalidade primária –, a brasileira, seja pela incidência do critério do *jus solis* (art. 12, I, "a"),[187] como a do *jus sanguinis* (art. 12, I, "b" e "c").[188] São nacionais brasileiros originariamente, por terem nascido em solo brasileiro e/ou por terem pai ou mãe brasileiros.

Esses nacionais, como titulares dos direitos fundamentais,[189] são exclusivamente detentores de determina-

---

[185] José Afonso da Silva (*Curso de Direito Constitucional Positivo*, p. 194).

[186] Manoel Gonçalves Ferreira Filho (*Direitos humanos fundamentais*, p. 29).

[187] "Art. 12. São brasileiros: I – natos: a) os nascidos na República Federativa do Brasil, ainda que de pais estrangeiros, desde que estes não estejam a serviço de seu país".

[188] "Art. 12. São brasileiros: I – natos: b) os nascidos no estrangeiro, de pai brasileiro ou mãe brasileira, desde que qualquer deles esteja a serviço da República Federativa do Brasil; c) os nascidos no estrangeiro, de pai brasileiro ou mãe brasileira, desde que venham a residir na República Federativa do Brasil e optem, em qualquer tempo, pela nacionalidade brasileira".

[189] Aqui não há o que estabelecer maiores questionamentos quanto à titularidade dos direitos fundamentais aos brasileiros natos, já que a regra do cabeça do art. 5º da CF contempla "os brasileiros", incluindo, portanto, os natos e os naturalizados.

das prerrogativas estabelecidas pelas normas constitucionais, como, por exemplo, as atinentes ao exercício dos direitos políticos (normas dos incisos do § 3º do art. 12).

Assim, são privativos dos brasileiros natos os cargos de Presidente e Vice-Presidente da República (inciso I), de Presidente da Câmara dos Deputados (inciso II), de Presidente do Senado Federal (inciso III), de Ministro do Supremo Tribunal Federal (inciso IV), de carreira diplomática (inciso V), de oficial das Forças Armadas (inciso VI), de Ministro de Estado da Defesa (inciso VII).

Por seu turno, os brasileiros naturalizados são aqueles que possuem, como nacionalidade secundária – também chamada de nacionalidade derivada – a brasileira, pelo fato de terem adquirido a nacionalidade brasileira por meio de processo de naturalização, conforme regulamenta a Constituição, na regra de seu art. 12, II, "a" e "b",[190] e a Lei nº 6.815, de 19/08/1980, na norma de seus arts. 111 e seguintes.

Desse modo, são nacionais brasileiros secundariamente, por naturalização, já que possuem uma nacionalidade originária, por terem nascido em solo estrangeiro e/ou por terem pai ou mãe estrangeiros.

Portanto, perante a lei pátria, o brasileiro naturalizado é o ex-estrangeiro, e, como referimos anteriormente, não há o que duvidar quanto à titularidade dos direitos fundamentais a eles também consagrada, já que o enunciado da regra constitucional expressa "aos brasileiros e estrangeiros residentes no País" (*caput* do art. 5º da CF).

---

[190] "Art. 12. São brasileiros: II – naturalizados: a) os que, na forma da lei, adquiram a nacionalidade brasileira, exigidas aos originários de países de língua portuguesa apenas residência por um ano ininterrupto e idoneidade moral; b) os estrangeiros de qualquer nacionalidade, residentes na República Federativa do Brasil há mais de quinze anos ininterruptos e sem condenação penal, desde que requeiram a nacionalidade brasileira".

A Titularidade dos Direitos Fundamentais

Então, considerando que a norma constitucional do § 2º do artigo 14 dispõe que "A lei não poderá estabelecer distinção entre brasileiros natos e naturalizados, salvo nos casos previstos nesta Constituição", os nacionais naturalizados, como titulares dos direitos fundamentais, gozam de todos os privilégios, exceto aqueles concedidos somente aos natos, como abordamos anteriormente.

3.2.2. Os Cidadãos

Apesar do que observamos no estudo empreendido de Direito Constitucional Comparado, quanto ao fato de que a maioria das Constituições indica, como titular de direitos fundamentais, os cidadãos, em uma acepção técnico-jurídica,[191] cidadão é aquele que tem a plenitude dos direitos políticos, embora hoje a expressão cidadania venha a permitir garantias que só os socialmente ativos têm.

No entanto, a nacionalidade brasileira é pré-requisito para o o alistamento eleitoral, e, já que o exercício dos direitos políticos não é automático, é necessário inscrever-se junto à Justiça Eleitoral.

Em vista disso, não podem alistar-se como eleitores os estrangeiros (norma do § 2º do art. 14 da Constituição Federal).

Portanto, somente podem ser cidadãos os brasileiros, natos ou naturalizados, e, ainda, desde que não tenham sofrido nenhum dos casos de restrição de direitos políticos (norma do art. 15 da CF – perda e suspensão dos direitos políticos).

---

[191] O mestre De Plácido e Silva (*op. cit.*, p. 168) conceitua: "A cidadania é expressão que identifica a qualidade da pessoa que, estando na posse de plena capacidade civil, também se encontra investida no uso e gozo de seus direitos políticos, que se indicam, pois, o gozo dessa cidadania. Em certos casos, porém, a lei impõe restrições àquele que a frui em caráter legal. A cidadania pode ser conferida ao nacional, como ao estrangeiro naturalizado".

Então, desse modo, temos aqui a incidência da mesma regra de indicação de titularidade de direitos fundamentais aplicada aos brasileiros natos e naturalizados, os quais se encontram em "situação privilegiada" pelo fato de o enunciado da norma do *caput* do art. 5º da Constituição mencionar "brasileiros e estrangeiros residentes no País", o que não transmite quaisquer dúvidas ao intérprete da expressão, no sentido de redução da aplicação da regra ao cidadão brasileiro.

3.2.3. Os Estrangeiros

O estrangeiro residente no País encontra-se contemplado pelo enunciado da regra do cabeça do art. 5º da Constituição Federal – fato que, sem dúvida, o deixa em uma melhor posição, ou que lhe seja mais favorável, quanto à confirmação de que se trata de titular de direito fundamental, em relação ao estrangeiro não-residente.

Nesse diapasão, Manoel Gonçalves Ferreira Filho esclarece:

> Apesar de as declarações haverem surgido para rememorar e solenizar os direitos do homem, advenientes de modo direto de sua natureza, independentemente de sua nacionalidade, raça ou classe, o texto em exame somente reconhece aos estrangeiros *residentes no País* os direitos e garantias que acata relativamente aos brasileiros. Aliás, essa é a solução tradicional em nosso direito constitucional, uma vez que apenas a Constituição de 1934 (art. 113, *caput*) equiparava brasileiros e estrangeiros em geral, quanto aos direitos fundamentais.[192]

Nesse sentido, o Supremo Tribunal Federal pronunciou-se, bem antes da Constituição Federal de 1988, em julgado do ano de 1971, quanto a entender devida a proteção dos direitos e garantias fundamentais ao estrangeiro residente no Brasil, quando da decisão proferida no julgamento do Recurso Extraordinário – RE 70087/SP, julgado em 18/02/71, pela 1ª Turma, Relator

---

[192] Manoel Gonçalves Ferreira Filho (*Comentários à Constituição Federal de 1988*, p. 26).

Ministro Amaral Santos. Ementa: "Opção de nacionalidade. O menor *estrangeiro residente no País*,[193] filho de pais estrangeiros naturalizados brasileiros e aqui domiciliados, é considerado brasileiro para todos os efeitos legais. Aplicação da Lei n° 4.404, de 14/09/64, aos processos em curso. Aplicação da Súmula 356. Recurso extraordinário não conhecido".[194]

Esse também foi o entendimento do Tribunal, quando em decisão proferida no julgamento, em 1996, do Habeas Corpus n° 74051-1/SC, que teve como Relator o Ministro Marco Aurélio:

> Ementa: Direitos e Garantias Fundamentais – Estrangeiros – A teor do disposto no cabeça do art. 5º da Constituição Federal, os estrangeiros residentes no País têm jus aos direitos e garantias fundamentais. Prisão Preventiva – Excesso de Prazo – Uma vez configurado o excesso de prazo, cumpre, em prol da intangibilidade da ordem jurídica constitucional, afastar a custódia preventiva. Idas e vindas do processo, mediante declarações de nulidade, não justificam a manutenção da custódia do Estado. O *mesmo acontece se o acusado é estrangeiro*.[195] Evasão do território nacional corre à conta do poder de polícià, presumindo-se esteja o Estado aparelhado para coibi-la. Prisão – Recurso da Defesa – Inviabilidade – Exsurge conflitante com a proibição legal de chegar-se à reforma prejudicial ao recorrente decretar-se prisão, na oportunidade do julgamento do recurso da defesa, ainda que isso ocorra via provimento judicial no sentido da nulidade do processo no qual imposta, inicialmente, a custódia – Precedente: *Habeas Corpus* nº 70.308-ES, relatado pelo Ministro Sepúlveda Pertence perante a Primeira Turma, cujo acórdão restou publicado na Revista Trimestral de Jurisprudência nº 152/170.[196]

Da mesma forma a decisão, em 1990, emanada do Tribunal de Justiça de São Paulo, no julgamento do Agravo n° 87.841-3, pela 2ª Câmara, tendo como Relator o Desembargador Ângelo Gallucci:

> Ementa: Pena – Regimento Prisional – Progressão – Benefício negado a réu estrangeiro na suposição de eventual fuga – Inadmissibilidade – Isonomia garantida constitucionalmente a brasileiros e estrangeiros residen-

---

[193] Grifo nosso.

[194] Publicação DJ: 26/04/1971, Ementário vol. 832-01, p. 286. RTJ 57-1/270.

[195] Grifo nosso.

[196] Publicação DJ: 20/09/1996, p. 34538, Ementário vol. 1842-03, p. 533.

tes no País. Não se pode negar a progressão de regime prisional a condenado estrangeiro sob fundamentação de que, em regime mais favorável, empreenderá eventual fuga. O art. 5º da CF garante a igualdade perante a lei sem distinção de qualquer natureza, sejam brasileiros ou estrangeiros residentes no País.[197]

Ademais, José Afonso da Silva afirma:

O *estrangeiro residente* não tem só os direitos arrolados no art. 5º, apesar de somente ali aparecer como destinatário[198] de direitos constitucionais. Cabem-lhe os direitos sociais, especialmente os trabalhistas. Ao outorgar direitos aos *trabalhadores urbanos e rurais*, por certo que aí a Constituição alberga também o trabalhador estrangeiro residente no País, e assim se há de entender em relação aos outros direitos sociais; seria contrário aos direitos fundamentais do homem negá-los aos estrangeiros residentes aqui.[199]

Além de tudo isso, Alexandre de Moraes lembra, com propriedade, que

a expressão *residentes no Brasil* deve ser interpretada no sentido de que a Carta Federal só pode assegurar a validade e gozo dos direitos fundamentais dentro do território brasileiro (RTJ 3/566), não excluindo, pois, o estrangeiro em trânsito pelo território nacional, que possui igualmente acesso às ações, como o mandado de segurança e demais remédios constitucionais.[200]

Miguel Angel Ekmekdjian, doutrinador argentino, ratifica que estão protegidos pela norma constitucional brasileira tanto os estrangeiros residentes no País, quanto os não-residentes, em trânsito pelo território brasileiro, uma vez que ambos são titulares dos direitos humanos fundamentais.[201]

No entanto, merece análise a problemática quanto à titularidade dos direitos fundamentais, na Constituição de 1988, em relação aos estrangeiros não-residentes no País. Uma vez que não se encontram contemplados pelo enunciado da norma do cabeça do artigo 5º, estariam eles alijados da titularidade dos direitos fundamentais?

---

[197] RT 657/281.

[198] Conforme anteriormente comentamos, aqui deve-se ler *titular*, e não *destinatário*.

[199] José Afonso da Silva (*op. cit.*, p. 195).

[200] Alexandre de Moraes (*op. cit.*, p. 82).

[201] Miguel Angel Ekmekdjian (*op. cit.*, tomo I, p. 473 a 475).

A Titularidade dos Direitos Fundamentais

Segundo José Afonso da Silva,

a posição do estrangeiro não-residente, em face dos direitos e garantias assegurados no art. 5º, não é fácil de delinear, tendo em vista que aí só se mencionam os *brasileiros e estrangeiros residentes no País*. Houve, no seio da Constituinte, tentativa para definir, com clareza, a condição jurídica do estrangeiro, mas o douto Relator Bernardo Cabral não foi sensível ao tema.[202]

Rememorando o que mencionamos anteriormente, Alexandre de Moraes ressalta que a expressão *residentes no País* deve ser interpretada no sentido de que, quanto à validade e ao exercício dos direitos fundamentais, só podem ser assegurados pela Constituição dentro do território brasileiro[203] – o que não exclui o estrangeiro em trânsito pelo território nacional, assim como Ekmekdjian afirma que estão protegidos pela norma constitucional brasileira tanto os estrangeiros residentes no País, quanto os não-residentes, quando em trânsito pelo território brasileiro, já que ambos são titulares dos direitos humanos fundamentais.[204]

Portanto, a resposta não pode, de modo algum, ser positiva. Não poderíamos conceber a idéia de que, em virtude do fato de alguém não ser detentor da nacionalidade brasileira, ou não ser residente no País, não ser considerado titular de direito fundamental, uma vez que do princípio da dignidade humana (norna do art. 1°, III da CF) emergem vários direitos previstos no Catálogo.

Desse modo, Paulo Gustavo Gonet Branco esclarece:

A declaração de direitos fundamentais da Constituição abrange diversos direitos que radicam diretamente no princípio da dignidade do homem – princípio que o art. 1º, III, da Constituição Federal, torna fundamento do Estado democrático brasileiro e que não deixa de ter aplicação em relação a alguém pelo fato de a pessoa ter nacionalidade estrangeira.[205]

---

[202] José Afonso da Silva (*op. cit.*, p. 195).

[203] Alexandre de Moraes (*op. cit.*, p. 82), segundo RTJ 3/566-568.

[204] Miguel Angel Ekmekdjian (*op. cit.*, tomo I, p. 473 a 475).

[205] Paulo Gustavo Gonet Branco (*Hermenêutica constitucional e direitos fundamentais*, p. 166)

Também sob essa ótica, importa frisarmos a lição de Pontes de Miranda, comentando o enunciado da norma da Constituição de 1967, análogo ao do *caput* do artigo 5º: "O fato de uma Constituição haver falado de 'nacionais e estrangeiros residentes no território' não exclui a asseguração e a garantia de certos direitos fundamentais que, segundo a convicção geral ou de escol dos povos, a que ela aderiu, são de todos os seres humanos".[206]

Exatamente nesse sentido, Francisco Llorente apresenta julgado do Supremo Tribunal Constitucional Espanhol: "Direitos tais como o direito à vida, à integridade física e moral, à intimidade, à liberdade ideológica, etc., pertencem aos estrangeiros por expressa previsão constitucional, não sendo possível um tratamento desigual em relação aos nacionais".[207]

José Joaquim Gomes Canotilho indica entender o estrangeiro como titular de direitos fundamentais consagrados pela Constituição portuguesa, ao demonstrar que:

O *alargamento* ou *restrição* de direitos fundamentais de estrangeiros pressupõe uma certa medida de *discricionariedade* do legislador constituinte, ou mediante autorização da Constituição, do legislador ordinário. Todavia, também aqui se coloca uma *teoria de limites* do poder constituinte ou dos poderes constituídos constitucionalmente competentes quanto à exclusão de direitos de estrangeiros. Em via de princípio, os cidadãos estrangeiros não podem ser privados: (1) de direitos, liberdades e garantias que, mesmo em regime de excepção constitucional – estado de sítio e estado de emergência –, não podem ser suspensos (cfr. CRP, art. 19º/6); (2) de direitos, liberdades e garantias ou direitos de natureza análoga estritamente relacionados com o desenvolvimento da personalidade humana (exemplos: art. 36/1 e 2 – direito de constituir e contrair casamento à manutenção e educação dos filhos; art. 42 – direito à criação intelectual, artística e científica; art. 26 – direito à reserva da vida privada e familiar). De resto, esse *núcleo essencial* não prejudica a sua complementação

---

[206] Pontes de Miranda (*Comentários à Constituição de 1967*, vol. IV, p. 655).

[207] Francisco Llorente (*Derechos fundamentales y principios constitucionales*, p. 140).

A Titularidade dos Direitos Fundamentais

através da concretização ou desenvolvimento judicial dos direitos fundamentais.[208]

As seguintes decisões proferidas em julgados do Supremo Tribunal Federal, anteriores à vigência da atual Constituição, demonstram a igual proteção dos direitos fundamentais aos estrangeiros não-residentes no País:

Recurso Extraordinário – RE 33319/DF, julgado em 12/09/57, pela 1ª Turma, Relator Ministro Cândido Motta. Ementa: "Direito de estrangeiro não-residente. O direito de propriedade é garantido a favor do estrangeiro não-residente".[209]

Recurso Extraordinário – RE 44621/SP, julgado em 07/04/60, pela 1ª Turma, Relator Ministro Cândido Motta. Ementa: "Estrangeiro não-residente pode impetrar segurança na defesa de direito fundamental líquido e certo".[210]

Recurso de Mandado de Segurança – RMS 8844, julgado em 22/01/62, pelo Tribunal Pleno, Relator Ministro Ribeiro da Costa. Ementa: "Na defesa de direitos líquidos e certos, o remédio do mandado de segurança pode ser usado por brasileiro ou estrangeiro não-residente no País".[211]

Mandado de Segurança – MS 4706/DF, julgado em 13/09/57, pelo Tribunal Pleno, Relator Ministro Ari Franco. Ementa: "O estrangeiro, embora não-residente no Brasil, goza do direito de impetrar Mandado de Segurança".[212]

---

[208] José Joaquim Gomes Canotilho (*Direito constitucional e Teoria da Constituição*, p. 556)

[209] Publicação DJ: 07/11/1957, Ementário vol. 321-02, p. 473. RTJ vol. 3-01, p. 566.

[210] Publicação DJ: 26/10/1960, Ementário vol. 439-02, p. 880.

[211] Publicação ADJ: 08/10/62, p. 2904, ementário vol. 496, p. 180. RTJ vol. 22-01, p. 100.

[212] Publicação DJ: 31/07/1958, Ementário vol. 350-01, p. 54.

Sob a égide da Constituição de 1988 – verdadeiro marco democrático no País - é claro que o entendimento dos Tribunais não foi alterado, confirmando-se a proteção ao estrangeiro não-residente. As seguintes decisões, emanadas também do Supremo Tribunal Federal, asseguram ao estrangeiro não-residente os direitos fundamentais:

Processo de Extradição – EXT 633/CH, julgado em 28/08/96, pelo Tribunal Pleno, Relator Ministro Celso de Mello. Ementa: "Extradição. República Popular da China. Crime de Estelionato punível com a pena de morte. Tipificação penal precária e insuficiente que inviabiliza o exame do requisito concernente à dupla incriminação. Pedido indeferido. Processo extradicional e função de garantia do tipo penal". Em parte de seu relatório, o Ministro Celso de Mello encontra expressão nos seguintes termos:

A essencialidade da cooperação internacional na repressão penal aos delitos comuns não exonera o Estado brasileiro – e, em particular, o Supremo Tribunal Federal – de velar pelo respeito aos direitos fundamentais do súdito estrangeiro que venha a sofrer, em nosso País, processo extradicional instaurado por iniciativa de qualquer Estado estrangeiro. O fato de o estrangeiro ostentar a condição jurídica de extraditando não basta para reduzi-lo a um estado de submissão incompatível com a essencial dignidade que lhe é inerente como pessoa humana e que lhe confere *a titularidade de direitos fundamentais inalienáveis*,[213] dentre os quais avulta, por sua insuperável importância, a garantia do 'due process of law'. Em tema de direito extradicional, o Supremo Tribunal Federal não pode e nem deve revelar indiferença diante de transgressões ao regime das garantias processuais fundamentais. É que o Estado brasileiro – que deve obediência irrestrita à própria Constituição que lhe rege a vida institucional – assumiu, nos termos desse mesmo estatuto político, o gravíssimo dever de sempre conferir prevalência aos direitos humanos (art. 4º, II). (...)[214]

Também parece-nos interessante referir a ementa da decisão proferida quando do exame do Recurso Extraordinário – RE 21567/SP, julgado em 24/04/2001,

---

[213] Grifo nosso.
[214] Publicação DJ: 06/04/2001, p. 67, Ementário vol. 2026-01, p. 88.

pela 1ª Turma, Relatora Ministra Ellen Gracie North-fleet. Ementa: "Ao estrangeiro, residente no exterior, também é assegurado o direito de impetrar mandado de segurança, como decorre da interpretação sistemática dos artigos 153, caput, da Emenda Constitucional de 1969 e do 5º, LIX da Constituição atual. Recurso extraordinário não conhecido".[215]

Outra decisão que selecionamos, do mesmo Tribunal, de 1995, proferida no julgamento do *Habeas Corpus* nº 072391/DF, Relator Ministro Celso de Mello, possibilitou ao estrangeiro o ajuizamento de *Habeas Corpus*:

> Ementa: É inquestionável o direito de súditos estrangeiros ajuizarem, em causa própria, a ação de *habeas corpus*, eis que esse remédio constitucional – por qualificar-se como verdadeira ação popular – pode ser utilizado por qualquer pessoa – independentemente da condição jurídica resultante de sua origem nacional. A petição com que impetrado o *habeas corpus* deve ser redigida em português, sob pena de não-conhecimento do *writ* constitucional.[216]

A aplicação dos direitos individuais a estrangeiros, da mesma forma, foi assegurada por decisão emanada do Superior Tribunal de Justiça, trazida à colação, em julgado de 1994, pela 5ª Turma, relator Ministro Edson Vidigal, Recurso de *Habeas Corpus* nº 3729/SP:

> Ementa: As razões de Estado, em se tratando de direito individual de qualquer pessoa neste país, brasileiro ou estrangeiro, não podem transcender aos limites da Constituição da República. As leis penais, que como quaisquer outras têm que se conformar com os mandamentos constitucionais, sob pena de não valerem nada, não podem ser interpretadas preconceituosamente, ao sabor de cada situação.[217]

Para finalizar, destacamos a decisão do Tribunal de Justiça do Estado do Rio Grande do Sul, em julgamento de 1994, na Apelação Cível nº 589069004, da 1ª Câmara, tendo como Relator o desembargador Celeste Vicente Rovani:

---

[215] Publicação DJ: 25/05/2001, p. 19, Ementário vol. 2032-05, p. 977.

[216] Publicação DJ: seção I, 17/03/1995, p. 5791.

[217] Publicação DJ: seção I, 19/09/1994, p. 24704.

Ementa: Sociedade comercial – alteração de contrato social com inclusão de cotista estrangeiro, residente no exterior. Exigência ilegal de comprovação de permanência do novo sócio no País e de autorização de autoridade competente para assinatura do estatuto social de parte da Junta Comercial. Inexiste norma pátria que impeça que estrangeiro, residente no exterior, integre, com subscrição de capital, sociedade meramente mercantil, quando não exerce qualquer atividade remunerada ou cargo de direção da empresa.[218]

3.3. A Pessoa Jurídica

De início, cabe-nos referir o magistério de Orlando Gomes, o qual considera o caráter da sociabilidade humana, através de agrupamentos de pessoas, fundamental para atingir as finalidades as quais os homens se propõem:

Ante a necessidade de personalizar tais grupos, para que participem da vida jurídica, com certa individualidade e em nome próprio, a própria norma de direito lhes confere personalidade e capacidade jurídica, tornando-os sujeitos de direitos e obrigações.[219]

Nesse diapasão, Washington de Barros Monteiro complementa, estabelecendo que, assim, surgem as chamadas "pessoas jurídicas, designadas como pessoas morais (no direito francês), como pessoas coletivas (no direito português), como pessoas civis, místicas, fictícias, abstratas, intelectuais, de existência ideal, universais, compostas, universidades de pessoas e de bens",[220] e que, segundo Cunha Gonçalves, podem ser definidas como "associações ou instituições formadas para a realização de um fim e reconhecidas pela ordem jurídica como sujeitos de direitos".[221]

---

[218] RJ 154/94.

[219] Orlando Gomes (*Introdução ao Direito Civil*, p. 174 e 175).

[220] Washington de Barros Monteiro (*Curso de Direito Civil*, 1º volume, p. 101).

[221] Idem.

Também com propósito esclarecedor, Caio Mário da Silva Pereira ressalta:

Pessoa jurídica é a denominação dada pelo nosso Código Civil,[222] pelos Código alemão (arts. 21 a 89), italiano (art.11) e espanhol (art. 35). Sem ser perfeita, essa designação indica como vivem e agem essas agremiações, acentuando o ambiente jurídico que possibilita sua existência como sujeitos de direito.[223]

Em vista disso, não poderíamos deixar de mencionar a clássica lição de Hans Kelsen:

A essência da pessoa jurídica, pela jurisprudência tradicional, contraposta à chamada pessoa física, deixa-se melhor revelar através de uma análise do caso típico de uma tal pessoa jurídica: a corporação dotada de personalidade jurídica. Uma tal corporação é, em regra, definida como uma comunidade de indivíduos a que a ordem jurídica impões deveres e confere direitos subjetivos que não podem ser vistos como deveres ou direitos dos indivíduos que formam esta corporação como seus membros, mas competem a esta mesma corporação. Precisamente porque estes deveres e direitos por qualquer forma afetam os interesses dos indivíduos que formam a corporação, sem que, no entanto, sejam direitos e deveres destes – como presume a teoria tradicional –, são considerados como deveres e direitos da corporação e, conseqüentemente, esta é concebida como pessoa.[224]

Ainda apresentamos a definição da expressão "pessoa jurídica", assim elaborada pelo ilustre vernaculista De Plácido e Silva:

Em oposição à *pessoa natural*, expressão adotada para indicação da individualidade jurídica constituída pelo homem, é empregada para designar as *instituições, corporações, associações* e *sociedades*, que, por força ou determinação da lei, se *personalizam*, tomam *individualidade própria*, para constituir uma *entidade jurídica*, distinta das pessoas que a formam ou que a compõem. Diz-se *jurídica* porque se mostra uma *encarnação da lei*. E, quando não seja inteiramente *criada* por ela, adquire *vida* ou *existência legal* somente quando cumpre as determinações fixadas por lei. Dessa forma, ao contrário da *pessoa natural*, cuja existência legal se inicia por uma *fato natural* (o nascimento), a pessoa jurídica somente tem existência quando o *Direito* lhe imprime o *sopro vital*. Criando-se ou as confirmando, é, pois, o Direito que determina ou dá vida a estas *entidades*,

---

[222] Aqui o autor se refere ao Código anterior, de 1915, embora o Código vigente também faça uso dessa expressão.

[223] Caio Mário da Silva Pereira (*Instituições de Direito Civil*, 1° volume, p. 257).

[224] Hans Kelsen (*Teoria Pura do Direito*, p. 194).

formadas pela *agremiação de homens*, pela *patrimonização de bens*, ou para cumprir, segundo as circunstâncias, realização do próprio Estado. (...)[225]

Portanto, indubitavelmente, há de se reconhecer o fato de a pessoa jurídica ser um ente sujeito de direitos e obrigações, na esfera jurídica, ou um "portador" de direitos subjetivos e deveres, na lição kelseniana. Embora ocorra esse reconhecimento, a titularidade de direitos fundamentais, pela pessoa jurídica, é matéria que suscita muitas questões, uma vez que não há a expressa previsão no enunciado da norma constitucional brasileira a respeito desta entidade, como na maioria das Leis Maiores dos países do mundo – fato que já ocorre na Alemanha, como bem salienta Ángel J. Gómez Montoro:

A este círculo de cuestiones novedosas[226] pertenece, sin duda, la titularidad de derechos fundamentales por personas jurídicas. Novedosa es, en todo caso, en nuestro ordenamiento, pues sólo a partir de la Constitución se há planteado el problema en la jurisprudencia – fundamentalmente en la constitucional – y, aunque en menor medida, en la doctrina. Pero lo es también en los ordenamentos de nuestro entorno. En realidad, más que de un problema reciente se trata, en la mayor parte de esos ordenamientos, de un problema inexistente, pues, com excepción de Alemania, son escasas las referencias bibliográficas y jurisprudenciales que pueden encontrarse. Esta situación puede explicarse, en primer lugar, por la existencia en la Ley Fundamental de Bonn de un precepto expresamente dedicado al tema: según su art. 19.3 "los derechos fundamentales rigen también para las personas jurídicas en la medida en que según su naturaleza les sean aplicables". Sin embargo, este dato no resulta tan decisivo como a primera vista pudiera pensarse; prueba de elloes que no se ha producido un debate similar en Portugal a pesar que su Constitución – siguiendo los pasos de la alemana – ha dispuesto en su artículo 12 que "las personas colectivas gozan de los derechos y están sujetas a los deberes compatibles com su naturaleza.[227]

---

[225] De Plácido e Silva (*op. cit.*, p. 609).

[226] Aqui o autor está referindo-se a "problemas centrales de la dogmática actual de los derechos fundamentales", mencionados, por ele, alhures (*La titularidad de derechos fundamentales por personas jurídicas*, p. 50).

[227] Idem, p. 50 e 51.

A Titularidade dos Direitos Fundamentais

Apesar disso, a doutrina e a jurisprudência demonstram que conseguem solucionar tais indagações.

Desse modo, Celso Ribeiro Bastos e Ives Gandra Martins retificam qualquer idéia contrária à possibilidade de pessoas jurídicas serem titulares de direitos fundamentais:[228]

> Mais uma vez, aqui, quer-nos parecer que o Texto disse menos do que pretendia. A tomá-lo na sua literalidade, seria forçoso convir que ele só beneficiaria as pessoas físicas. Mas, novamente, estaríamos diante de uma interpretação absurda. Em muitas hipóteses, a proteção última ao indivíduo só se dá por meio da proteção que se confere às próprias jurídicas. O direito de propriedade é um exemplo disto. Se expropriável uma pessoa jurídica, ela há de o ser mediante as mesmas garantias por que o são as pessoas físicas.[229]

Manoel Gonçalves Ferreira Filho também explica com lucidez:

> Historicamente, as declarações de direitos e garantias visavam a recordar e proteger os direitos fundamentais do homem. Assim, somente os direitos da pessoa física seriam solenizados e resguardados no capítulo constitucional que se comenta. Nessa linha de raciocínio, o termo *brasileiros* designaria apenas e exclusivamente as pessoas físicas nacionais e não as pessoas jurídicas que em face da legislação ordinária se consideram brasileiras. Esse, aliás, é o entender de Pontes de Miranda, que se refere aos argumentos em contrário como "sofismas desleais" (*Comentários à Constituição de 1946*, t. 4, p. 696).[230]

O que Pontes de Miranda estabelece, quanto às pessoas jurídicas, é que "sofismas desleais pretenderam que a regra jurídica constitucional, ao falar de brasileiros e estrangeiros residentes, também se referisse às sociedades e mais às pessoas jurídicas. (...) Somente em se tratando de garantias institucionais é que se aplicam, às vezes, às pessoas jurídicas".[231] Uma garantia institucional seria, *v.g.*, a propriedade, considerando que sem-

---

[228] O mesmo entendimento é seguido por Pinto Ferreira (*op. cit.*, p. 60).

[229] Celso Ribeiro Bastos e Ives Gandra Martins (*Comentários à Constituição do Brasil*, p. 5).

[230] Manoel Gonçalves Ferreira Filho (*Comentários à Constituição brasileira de 1988*, p. 25 e 26).

[231] Pontes de Miranda (*op. cit.*, p. 700-701).

pre esteve presente em todas as nossas Constituições republicanas e muito ligada à nossa ordem econômica.

O ensinamento de Alexandre de Moraes, embora não mencione as chamadas "garantias institucionais" de Pontes de Miranda, demonstra que ratifica essa mesma posição de tutelar as pessoas jurídicas:

> Igualmente, as pessoas jurídicas são beneficiárias dos direitos e garantias individuais, pois reconhece-se às associações o direito à existência, o que de nada adiantaria se fosse possível excluí-las de todos os seus demais direitos. Dessa forma, os direitos enunciados e garantidos pela Constituição são de brasileiros, pessoas físicas e jurídicas.[232]

O mesmo autor, com base em decisão proferida em julgado federal, prossegue:

> Assim, o regime jurídico das liberdades públicas protege tanto as pessoas naturais, brasileiros e estrangeiros no território nacional, como as pessoas jurídicas, pois têm direito à existência, à segurança, à propriedade, à proteção tributária e aos remédios constitucionais. (RF 226/81).[233]

Jorge Bacelar Gouveia, em artigo elaborado acerca da informatização dos dados pessoais, enfatiza a mesma questão:

> Quanto aos direitos fundamentais à proteção dos dados pessoais informatizados em geral, cumpre dizer que a sua titularidade pode pertencer tanto a pessoas físicas como coletivas, não sendo legítimo fazer qualquer espécie de discriminação.[234]

Também Josaphat Marinho assim se pronuncia:

> Há que se ressaltar, igualmente, a extensão dos direitos fundamentais a pessoas coletivas, como as organizações sindicais.[235]

Em relação ao Direito estrangeiro, mais precisamente o espanhol, Miguel Angel Ekmekdjian e Calogero Pizzolo informam a respeito do reconhecimento de direitos fundamentais à pessoa jurídica pelo Tribunal Constitucional da Espanha. Os autores ressaltam que o art. 25.1 da Convenção Européia de Direitos Humanos

---

[232] Alexandre de Moraes (*op. cit.*, p. 82).

[233] Idem.

[234] Jorge Bacelar Gouveia (*Os direitos fundamentais à protecção dos dados pessoais informatizados*, p. 193).

[235] Josaphat Marinho (*Direitos e garantias fundamentais*, p. 7).

A Titularidade dos Direitos Fundamentais

habilita tanto as pessoas físicas como as jurídicas a reclamar a proteção de direitos humanos, da mesma forma que o Tribunal Constitucional da Espanha reconheceu a existência de direitos fundamentais relacionados à pessoa jurídica, respeitando suas características próprias.[236]

A jurisprudência espanhola muitas vezes demonstra o que Ángel J. Gómez Montoro descreve:

> Al reconocer derechos fundamentales a entes com personalidad jurídica, lo que se está tutelando, en última instância, son los intereses humanos para los que fueron creados.[237]

Seguindo essa fundamentação, o referido autor cita[238] as seguintes decisões do Tribunal Constitucional espanhol, proferidas em 1988, 1992 e 1995, respectivamente:

> Es indiscutible que en línea de principio, los derechos fundamentales y las libertades públicas son derechos individuales que tienen al individuo como sujeto activo y al Estado por sujeto pasivo en la medida en que tienden a reconocer y proteger ámbitos de libertades o prestaciones que los Poderes Públicos deben otorgar o facilitar a aquéllos. (...) Es cierto, no obstante, que la plena efectividad de los derechos fundamentales exige reconocer que la titularidad de los mismos no corresponde sólo a los individuos aisladamente considerados, sino también en cuanto se encuentram insertos en grupos y organizaciones , cuya finalidad sea específicamente la de defender determinados ámbitos de libertad o realizar los intereses y los valores que formam el sustrato último del derecho fundamental (Fundamento jurídico 1º).[239]

> El pleno reconocimiento constitucional del fenómeno asociativo y la articulación de entidades colectivas dotadas de personalidad, exige asumir una interpretación amplia de las expresiones con las que, en cada caso, se denomine el titular de los derechos constitucionalmente reconocidos y legislativamente desarrollados (Fundamento jurídico 4º).[240]

> Atribuir a las personas colectivas la titularidad de los derechos fundamentales, y no un simple interés legítimo, supone crear una muralla de dere-

---

[236] Miguel Angel Ekmekdjian e Calogero Pizzolo (*Hábeas data: el derecho a la intimidad frente a la revolución informática*, p. 93).

[237] Ángel J. Gómez Montoro (*op. cit.*, p. 99).

[238] Idem, (p. 99 e 100).

[238] STC 64/1988.

[240] STC 241/1992.

chos frente a cualesquiera poderes de pretensiones invasoras, y supone, además, ampliar el círculo de la eficacia de los mismos más allá del ámbito de lo privado y de lo subjetivo para ocupar un ámbito colectivo y social. (...) Si el derecho a asociarse es un derecho constitucional y si los fines de la persona colectiva están protegidos constitucionalmente por el reconocimiento de la titularidad de aquellos derechos acordes com los mismos, resulta lógico que se les reconozca también constitucionalemente la titularidad de aquellos otros derechos que sean necesarios y complementarios para la consecución de esos fines. En ocasiones, ello sólo será posible si se extiende a las personas colectivas la titularidad de derechos fundamentales que protejan como decíamos – su propia existencia e identidad, a fin de asegurar el libre desarrollo de su actividad, en la medida en que los derechos fundamentales que cunplan esta función sean atribuibles, por su naturaleza, a las personas jurídicas. (Fundamento jurídico 4º).[241]

A partir dessas decisões, o mencionado doutrinador estabelece, ainda:

Los argumentos expuestos hasta el momento apuntan, sin duda, hacia la conveniencia de incluir a las personas morales[242] entre los sujetos titulares de derechos fundamentales, pero quizás no quepa hablar todavía de una exigencia constitucional. Esta, sin embargo, puede concluirse si se acepta que detrás de la persona jurídica hay ejercicio de un derecho fundamental.[243]

Portanto, diante de todo o exposto, parece-nos não haver dúvida quanto à inclusão, também no Direito pátrio, da pessoa jurídica como titular de direitos fundamentais, assegurando-os, conforme o ensinamento de Manoel Gonçalves Ferreira Filho, às pessoas jurídicas brasileiras e estrangeiras que atuam no Brasil.[244]

Esse entendimento é extraído a partir da pesquisa ao texto constitucional, nos vários direitos arrolados nas regras dos incisos do art. 5º, *v.g.*, o princípio da isonomia, da legalidade, o direito de resposta, o direito de propriedade, o sigilo da correspondência e das comunicações em geral, a inviolabilidade do domicílio, a garan-

---

[241] STC 139/1995.

[242] "Pessoas morais", como antes referimos, é expressão largamente utilizada no direito francês, segundo a referência de Washington de Barros Monteiro (*op. cit.*, 1º volume, p. 101).

[243] Ibidem, (p. 100).

[244] Manoel Gonçalves Ferreira Filho (*op. cit.*, p. 26).

tia do direito adquirido, ao ato jurídico perfeito e à coisa julgada, assim como a proteção jurisdicional.

José Afonso da Silva destaca a existência de direitos próprios à pessoa jurídica, *v.g.*, o direito à propriedade das marcas, aos nomes de empresas e a outros signos distintivos (como logotipos, fantasias etc.).[245]

Entretanto, o mesmo autor ressalta que "as empresas de capital estrangeiro, incluindo as multinacionais, não se beneficiam desses direitos e garantias constitucionais individuais, salvo no que tange a marcas, nomes e signos, proteção de direito internacional".[246]

Em razão disso, Manoel Gonçalves Ferreira adverte:

> É preciso, todavia, ponderar que os direitos das pessoas jurídicas são mediatamente direitos de pessoas físicas, sócias ou beneficiárias de sua obra. Por via de conseqüência, despir de garantia os direitos das pessoas jurídicas significa desproteger os direitos das pessoas físicas. Por outro lado, a própria Declaração reconhece às associações o direito à existência, o que de nada adiantaria se fosse possível desvesti-las de todos os seus demais direitos. Dessa forma, os direitos enunciados e garantidos pela Constituição são de brasileiros, pessoas físicas, mas também os direitos mediatamente considerados, ou seja, os direitos das pessoas jurídicas brasileiras.[247]

Pensamos que, quanto à titularização das pessoas jurídicas, o legislador constituinte acabou por criar as hipóteses aplicáveis, como, *v.g.*, o Mandado de Segurança coletivo, o qual não se trata de instrumento "institucional" – segundo a lição de Pontes de Miranda, apesar de que expressamente indica como titulares pessoas jurídicas (art. 5º, LXX da CF): partido político com representação no Congresso Nacional (alínea "a"), ou organização sindical, entidade de classe ou associação legalmente constituída e em funcionamento há pelo

---

[245] José Afonso da Silva (*Curso de Direito Constitucional Positivo*, p. 195).

[246] Idem.

[247] Idem.

menos um ano, em defesa dos interesses de seus membros ou associados (alínea "b").

Então, concluímos que, em virtude de sua natureza, certos direitos fundamentais, exercidos por pessoas jurídicas, podem tê-las por titulares (direito de propriedade, de resposta, entre tantos outros),[248] bem como existem direitos que se dirigem diretamente à pessoa jurídica, como o direito de não-interferência estatal no funcionamento das associações (art. 5°, XVIII), o direito de as associações não serem compulsoriamente dissolvidas (art. 5°, XIX), além do já citado Mandado de Segurança coletivo (art. 5°, LXX, da CF).

Daqui, partimos para mais adiante, lançando outra indagação: já que as pessoas jurídicas são titulares de direitos fundamentais, seriam as de direito público e de direito privado tais entidades?

Ángel J. Gómez Montoro manifesta a dificuldade de limitar a titularidade dos direitos fundamentais em função da espécie de pessoa jurídica da qual se trata. Também afirma que esta conclusão pode restar controvertida, uma vez que o Tribunal Constitucional espanhol tem demonstrado, com freqüência, o entendimento de que as associações em que predomina o elemento pessoal devem ter uma proteção maior do que as que ostentam um interesse mais disperso (citando, como exemplo, STC 137/1985, 64/1988, 139/1995 y 117/1998).[249] Afirma que esse mesmo Tribunal tem reconhecido o direito à honra – direito personalíssimo – precisamente a sociedades anônimas, e que, em verdade, se é admitido que toda pessoa jurídica tem, em sua origem, o exercício de um direito fundamental, não haveria como se entender porque umas teriam como gozar de maior proteção do

---

[248] Aqui se inserem os exemplos ofertados por José Afonso da Silva (*op. cit.*, p. 176), antes mencionados.
[249] A segunda e a terceira decisões mencionadas por Ángel J. Gómez Montoro já havíamos transcrito, nesse mesmo capítulo, alhures.

A Titularidade dos Direitos Fundamentais

que as outras. Também observa que seria uma questão distinta, em virtude das finalidades desenvolvidas pela pessoa jurídica, que possa ser excluído o exercício de um determinado direito, ou entender-se, em caso de conflito, que a conduta que se considera lesiva ao direito não pode ter incidido no bem protegido pelo mesmo, assim como não poderá uma pessoa jurídica invocar os direitos fundamentais para superar os limites da capacidade jurídica que se derivam da lei e de seus estatutos.[250]

Quanto às pessoas jurídicas de direito privado, pelo até então exposto, não teríamos problemas ao afirmar que são titulares de direitos fundamentais, enquanto representam uma universalidade de pessoas ou de bens particulares.

Portanto, a problemática se insurge quanto às pessoas jurídicas de direito público.

A respeito dessa questão polêmica, Paulo Gustavo Gonet Branco alerta: "Questão um pouco mais melindrosa diz com a possibilidade de pessoa jurídica de direito público vir a titularizar direitos fundamentais. Afinal, os direitos fundamentais nascem da intenção de garantir uma esfera de liberdade justamente em face dos poderes públicos".[251]

Canotilho apresenta a tese negativa de reconhecimento, baseada em dois argumentos: (1) os direitos fundamentais emergem de uma esfera de liberdade perante os poderes públicos, não sendo concebível a idéia de titularidade de direitos fundamentais de tais entidades no exercício de tarefas públicas; (2) a incompatibilidade de se considerar o Estado como destinatário e, simultaneamente, como titular de direitos fundamentais, pois se houver lesão de direitos de uma entidade pública por parte de outra, estaríamos diante

---

[250] Ángel J. Gómez Montoro (*op. cit.*, p. 105).
[251] Paulo Gustavo Gonet Branco *et alii* (*op. cit.*, p. 165).

de um conflito de competências, e não lesões de direitos fundamentais de pessoas coletivas públicas.[252] O mestre português soluciona, referindo que devemos observar "se o direito fundamental em questão é ou não compatível com a natureza de pessoa coletiva". Desse modo, admite que as pessoas jurídicas de direito público invoquem os direitos fundamentais quando não estiverem em posição de proeminência ou de poder, especialmente quando estiverem em típicas situações de sujeição.[253] Nesse sentido, parece-nos salutar transcrevermos a ementa do acórdão proferido quando do julgamento, pela Primeira Turma do Supremo Tribunal Federal, do Recurso Extraordinário nº 177.888/RS, que teve como Relator o Ministro Moreira Alves:

Ementa: Previdência Social. Pensão. Alegação de inconstitucionalidade do art. 9º da Lei 9.127/90 do Estado do Rio Grande do Sul. – Falta de prequestionamento da questão relativa ao artigo 5º, LV, da Carta Magna Federal. – Quanto ao mais, em hipótese semelhante à presente, esta Primeira Turma, ao julgar o RE 212.060, em 13.10.98, entendeu que o art. 9º da Lei estadual 9.127/90, por estabelecer que "o Instituto de Previdência do Rio Grande do Sul restabelecerá as pensões que preencham os requisitos do art. 41, 6º, da Constituição Estadual", não ofendeu o disposto no artigo 5º, XXXVI, da Carta Magna Federal, sob o fundamento de que "não se pode vedar a aplicação de regime legal relativo a pensões a uma situação ocorrida sob o império da lei anterior, sob o argumento de que deve continuar por ela a ser regulada". E afastou, também, a alegada violação ao art. 195, 5º, da Constituição Federal, porque não se trata, no caso, de instituição de novo benefício, sendo a fonte de custeio pré-existente, tendo em vista que o segurado contribuiu em vida para a Previdência para que seus dependentes tivessem pensão após sua morte. – É de acrescentar-se, apenas, no tocante à alegação de ofensa ao artigo 5º, XXXVI, da Constituição Federal, que, se a lei estadual em causa determinou sua aplicação ao período anteior à sua vigência, a fim de restabelecer pensões que haviam sido extintas, não pode órgão da Administração Pública pretender não aplicá-la sob tal alegação, porquanto, integrando

---

252 Canotilho (*op. cit.*, p. 385).

253 Idem. Vieira de Andrade (*op. cit.*, p. 166) também concorda, desde que a pessoa jurídica de direito público esteja "prosseguindo interesses humanos individuais".

A Titularidade dos Direitos Fundamentais **97**

ele o Estado, não tem ele direito a uma garantia fundamental que é oponível ao Estado e não – como ocorre, em geral, com as garantias dessa natureza, a ponto de, em face do direito alemão, SCHLAICH (Das *Bundesverfassungsgericht*, p. 103, Verlag C. H. Beck, München, 1985) dizer que as pessoas jurídicas de direito público não são capazes de ter direitos fundamentais – a ele outorgada. – Por fim, a alegação, também constante no recurso extraordinário, de que a Lei estadual em causa teria ultrapassado – e, portanto, ofendido – o disposto no artigo 41, *6º*, da Constituição estadual, que só se dirigiu ao futuro, se situa no âmbito exclusivamente estadual, não dando margem, assim, ao cabimento do recurso extraordinário a esse respeito. Recurso extraordinário conhecido pelo letra "c" do inciso III do artigo 102 da Constituição Federal mas não provido.[254]

O entendimento acerca da titularidade das pessoas jurídicas, tanto públicas como privadas, no Direito Espanhol, é representado pelo magistério de Francisco Segado:

Quiere todo ello decir, en definitiva, que la titularidad de los derechos a que venimos refiriéndonos no puede predicarse tan sólo de las personas físicas de nacionalidad española; bien al contrario, han de considerarse, com determinadas matizaciones, titulares de derechos los extranjeros y las personas jurídicas tanto de Derecho privado como de derecho público.[255]

Konrad Hesse ensina a admissão de que as entidades estatais gozam de direitos da espécie procedimental. O mesmo autor exemplifica com o direito de ser ouvido em juízo e o direito ao juiz predeterminado por lei.[256]

No entanto, Ángel J. Gómez Montoro afirma que, como regra geral, a titularidade de direitos fundamentais não é possível existir quando tratar de pessoas jurídicas de Direito Público:

Si las personas jurídico-privadas tienen derechos porque en su origen está el ejercicio de un derecho fundamental que, de outra manera, no estaría suficientemente garantizado, fuera del círculo d los titulares de derechos fundamentales deben quedar – por principio – aquellas organizaciones en

---

[254] RE 177.888/RS, 1ª Turma, Rel. Min. Moreira Alves, ainda não publicado.

[255] Francisco Fernández Segado (*La teoría jurídica de los derechos fundamentales en la Constitución Española de 1978 y en su interpretación por el Tribunal Constitucional*, p. 89).

[256] Konrad Hesse (*Elementos de Direito Constitucional da República Federal da Alemanha*, p. 287).

cuyo origen está única y exclusivamente un acto de poder público. Por outra parte, la persona jurídico-pública no es un instrumento para el ejercicio de derechos; aunque en ciertos casos puede existir una vinculación con algún derecho fundamental – y muy especialemente com principios de diversa índole como pueden ser los de descentralización, eficacia y flexibilidad en la organización administrativa.[257]

Canotilho faz ressaltar que a doutrina adversa à titularidade das pessoas jurídicas de direito público entende, inobstante, que essas gozam de alguns *direitos processuais fundamentais* (como leciona Hesse), ilustrando com os mesmo exemplos ofertados pelo doutrinador alemão.[258]

No conjunto desses exemplos, poderíamos fazer integrar o direito à igualdade de armas e o direito à ampla defesa. Em relação ao primeiro, o Supremo Tribunal Federal afirmou ser também prerrogativa da acusação pública, no processo penal, quando no julgamento do Habeas Corpus nº 70.514[259] havia surgido a alegação de que, em princípio, fere a igualdade de armas que a defesa goze de prazos dobrados em relação aos da acusação.

3.4. Os entes despersonalizados

Os entes despersonalizados são aqueles que não se encontram sob a incidência da ficção jurídica, da criação legal acerca de quem é considerado pessoa jurídica. Entre estes, podemos exemplificar com o espólio, a herança jacente, a massa falida, as Assembléias Legislativas, os Tribunais, etc.

Canotilho inicia relatando, quanto à capacidade jurídica, que "o conceito de pessoas coletivas abrange, sem dúvida, as entidades organizatórias suscetíveis de

---

257 Ángel J. Gómez Montoro (*op. cit.*, p. 105).

258 Canotilho (*op. cit.*, p. 386).

259 Publicação: DJ 27/06/97.

A Titularidade dos Direitos Fundamentais   **99**

capacidade jurídica geral, mas não está excluída a extensão da capacidade a outras entidades dotadas apenas de subjetividade jurídica parcial (ex.: pessoas coletivas sem personalidade jurídica)".[260] Contrário a essa posição, por seu turno, se apresenta Jorge Miranda.[261]

Entretanto, Konrad Hesse também professa pela tese de admissão, pois refere, quanto à Lei Fundamental da Alemanha, que

direitos fundamentais valem, segundo o art. 19, alínea 3, da Lei Fundamental, também para pessoas jurídicas nacionais, quando eles, conforme sua natureza, são aplicáveis a estas. Eles podem, em casos especialmente formados, também caber a grupos sem personalidade jurídica (jurídico-civilmente), e precisamente, segundo o significado do direito fundamental respectivo para esse grupo de pessoas e conforme sua situação jurídica no direito em geral, portanto, por exemplo, partidos políticos[262] (organizados como associações não-registradas) ou sociedades comerciais abertas. A conseqüência mais importante é a faculdade desses grupos de propor um recurso constitucional.[263]

Em vista disso, parece-nos que o doutrinador alemão, ao afirmar que a possibilidade de propositura de recurso constitucional deve destacar-se como a mais importante conseqüência de grupos que não são detentores de personalidade jurídica serem considerados titulares de respectivos direitos fundamentais, segundo a Lei Fundamental alemã, em analogia à sua tese quanto à titularidade de direitos fundamentais da pessoa jurídica de direito público, parece-nos demonstrar a admissão de que as entidades juridicamente despersonalizadas também gozam de direitos da espécie procedimental,[264] assim como as pessoas jurídicas de direito público.

---

[260] Canotilho (*op. cit.*, p. 384).

[261] Jorge Miranda (*op. cit.*, p. 224).

[262] Diversamente dos partidos políticos no Brasil, em que são detentores de personalidade jurídica de direito privado, uma vez que adquirem personalidade jurídica na forma da lei civil (art. 17, § 2º da CF).

[263] Konrad Hesse (*op. cit.*, p. 234).

[264] Konrad Hesse (*op. cit*, p. 287).

O entendimento de Canotilho, da mesma forma, parece-nos incorrer nesse sentido, já que o renomado autor confere "subjetividade jurídica parcial" aos entes juridicamente despersonalizados,[265] conforme referimos anteriormente.

Usa o termo "parcial" porque é claro que nem todos direitos fundamentais de espécie procedimental poderão ser exercidos pelas entidades sem personalidade jurídica.

Em vista disso, Tupinambá do Nascimento alerta para a importância de estabelecermos distinção entre legitimidade processual e titularidade de direitos fundamentais, quanto à natureza dos institutos, nas seguintes palavras:

> O exame da legitimidade processual ativa ou passiva só vai interessar, em termos de garantias individuais, àquelas que signifiquem, genericamente, direito de ação (art. 5º, XXXV) ou, especificamente, outras ações constitucionais: mandado de segurança, ação popular, ação civil pública, *habeas corpus*, *habeas data* e mandado de injunção, hipóteses em que a legitimidade se confunde com a titularidade da garantia, porque, no normal, *legitimidade* e *titularidade* têm natureza diversa. Na titularidade, é indicado quem está no pólo ativo do direito público subjetivo. A indicação constitucional se refere a brasileiros e estrangeiros e, em alguns casos, a pessoas jurídicas. A legitimidade ativa tem outro direcionamento. No conflito de interesses, quem está indicado a promover a devida ação perante o Judiciário, nem sempre é o titular do direito material.[266]

No magistério desse autor, a titularidade de direitos fundamentais dos entes despersonalizados decorre da legitimação processual, ativa ou passiva, mencionando que são titulares das garantias dos incisos XXXV e LXIX do art. 5º da Constituição, a massa falida, a herança jacente ou vacante, o espólio, as sociedades sem personalidade jurídica e o condomínio, já que o Código de Processo Civil brasileiro (Lei nº 5.689/73) confere a legitimação processual a esses entes.[267]

---

[265] Canotilho (*op. cit.*, p. 384).

[266] Tupinambá Miguel Castro do Nascimento (*Comentários à Constituição Federal – Direitos e garantias Fundamentais*, p. 24-25).

[267] Idem.

A Titularidade dos Direitos Fundamentais

Nessa linha de raciocínio, não há legitimidade processual, e, conseqüentemente, titularidade de direitos fundamentais dos entes sem personalidade jurídica nas ações de *Habeas Corpus, Habeas Data*, Ação Popular, Ação Civil Pública, Mandado de Injunção e Mandado de Segurança Coletivo.

Quanto ao Mandado de Segurança tradicional, a doutrina permite a legitimação processual das entidades despersonalizadas públicas,[268] como demonstra Alfredo Buzaid[269] em relação à legitimidade da Câmara Municipal para impetrar Mandado de Segurança contra Prefeito, bem como Sérgio Ferraz,[270] Hely Lopes Meirelles[271] e Pinto Ferreira[272] concordam no tocante à impetração por Câmaras, Assembléias e suas Mesas, Tribunais de Contas, Fundos Financeiros, Comissões Autônomas, Chefias do Executivo, Superintendências de Serviços e demais órgãos da Administração centralizada ou descentralizada que tenham prerrogativas ou direitos próprios a defender.

Enfim, concordamos com o ensinamento de Tupinambá Nascimento, antes exposto, e concluímos que outros direitos e garantias, por via reflexa, são reconhecidos aos entes despersonalizados, permitindo-lhes serem titulares desses direitos, como os princípios do contraditório e da ampla defesa, do devido processo legal, do juiz natural, da licitude da prova, entre vários outros direitos da espécie procedimental, segundo a expressão de Hesse.[273]

---

[268] Então, ocorre, também, a titularidade.

[269] Conforme Alfredo Buzaid (*Do Mandado de Segurança*, p. 173).

[270] Sérgio Ferraz (*Mandado de Segurança*, p. 173).

[271] Hely Lopes Meirelles (*Mandado de Segurança, Ação Popular, Ação Civil Pública, Mandado de Injunção, Habeas Data*, p. 16).

[272] Pinto Ferreira (*Comentários à Constituição brasileira*, vol. I, p. 60).

[273] Konrad Hesse (*op. cit*, p. 287).

3.5. A interpretação quanto ao reconhecimento dos titulares

O reconhecimento dos titulares dos direitos fundamentais provém de um processo de interpretação promovido a partir do enunciado da norma do *caput* do art. 5º da Constituição.

Antigamente, era usual o brocardo referente à interpretação da norma que estabelecia que *in claris cessat interpretatio*, ou, *in claris non fit interpretatio*,[274] tendo sido, posteriormente, substituído por *in claris non cessat interpretatio*.[275]

Contudo, inicialmente, precisamos tecer algumas considerações a respeito do que consiste a interpretação do enunciado da regra constitucional.

Carlos Maximiliano ensina que *"interpretar é explicar, esclarecer; dar o significado do vocábulo, atitude ou gesto; reproduzir, por outras palavras, um pensamento exteriorizado; extrair, de frase e sentença ou norma, tudo o que aí se contenha"*.[276]

Häberle, com esse objetivo, ressalta que

o conceito de interpretação reclama um esclarecimento que pode ser assim formulado: quem vive a norma acaba por interpretá-la ou pelo menos co-interpretá-la. Toda atualização da Constituição, por meio da atuação de qualquer indivíduo, constitui, ainda que parcialmente, uma interpretação constitucional antecipada. Originariamente, indica-se como interpretação[277] apenas a atividade que, de forma consciente e intencional, dirige-se à compreensão e à explicitação de sentido de uma norma (de um texto).[278]

---

274 Apresentados por Carlos Maximiliano (*Hermenêutica e Aplicação do Direito*, p. 33): "Na clareza, cessa a interpretação", ou, "na clareza, não se faz interpretação".

275 Idem. "Na clareza não cessa a interpretação".

276 Idem, p. 21.

277 Aqui o mesmo autor esclarece, em nota nº 7: "Essa concepção interpretativa estrita é preconizada por Hesse, Grundzüge, p. 21"

278 Peter Häberle (*Hermenêutica constitucional. A sociedade aberta dos intérpretes da Constituição: contribuição para a interpretação pluralista e "procedimental" da Constituição*, p. 13-14).

Mais adiante, o mesmo doutrinador estabelece que todas as pessoas que vivem em um contexto regulado por uma norma e que vivem com este contexto são, de modo indireto, ou até mesmo direto, intérpretes dessa norma.[279] Assim, ocorre uma democratização da interpretação constitucional,[280] pois o juiz constitucional não interpreta mais, de modo isolado, no processo constitucional, e a interpretação que antecede a judicial revela a participação de muitos intérpretes.[281]

Por isso, Célio Silva Costa prevê que "a lei, na advertência de muitos, não é o simples texto; mas o seu contexto".[282]

E, considerando como contexto o sistema jurídico brasileiro, situado e assegurado por um Estado Democrático de Direito, conforme Juarez Freitas, "deve-se afirmar, categoricamente, que a interpretação jurídica é interpretação sistemática ou não é interpretação",[283] do que Paulo Bonavides explica:

> A interpretação começa naturalmente onde se concebe a norma como parte de um sistema – a ordem jurídica, que compõe um todo ou unidade objetiva, única a emprestar-lhe o verdadeiro sentido, impossível de obter-se se considerássemos insulada, individualizada, fora, portanto, do contexto das leis e das conexões lógicas do sistema.[284]

Portanto, é necessário que seja utilizado o método sistemático à realização do processo de interpretação da norma, a fim de promover o reconhecimento do titular do direito fundamental.

Ao enunciado da norma deve ser promovido um alargamento quanto à sua intelecção,[285] de modo exten-

---

[279] Peter Häberle (*Hermenêutica constitucional*, p. 15).

[280] Idem, p. 14.

[281] Idem, p. 41.

[282] Célio Silva Costa (*A interpretação constitucional e os direitos e garantias fundamentais na Constituição de 1988*, p. 15).

[283] Juarez Freitas (*A interpretação sistemática do Direito*, p. 175).

[284] Paulo Bonavides (*Curso de Direito Constitucional*, p. 405).

[285] Quanto ao aspecto processual, já afirmamos, certa vez, em nosso trabalho (*Apreciação Probatória no Processo Civil*, p. 62) que, "em certos aspectos, se

sivo, a fim de oportunizar sua conseqüente aplicação, considerando o reconhecimento da existência de diversos direitos fundamentais inerentes à condição humana, e que, dessa forma, devem ser merecedores de respeito, além dos direitos e garantias fundamentais assegurados às pessoas jurídicas.

Ademais, se a interpretação não fosse assim realizada, haveria uma incompatibilidade muito grande do que poderíamos extrair, a partir de uma interpretação restritiva, do cabeça do art. 5º, em relação às outras normas constitucionais, a começar pelo Preâmbulo, que fala em liberdade, segurança, igualdade e justiça como valores supremos de uma sociedade sem preconceitos.

Outro aspecto relevante a ser considerado é o que se refere ao princípio da dignidade da pessoa humana, ao qual podem ser reconduzidos, diretamente e de modo igual, os direitos fundamentais,[286] ainda que de modo e intensidade variáveis.[287]

A respeito disso, as palavras de Ingo Wolfgang Sarlet são norteadoras:

> De modo todo especial, o princípio da dignidade da pessoa humana – como, de resto, os demais princípios fundamentais insculpidos em nossa Carta Magna – acaba por servir de referencial inarredável no âmbito da indispensável hierarquização axiológica inerente ao processo hermenêutico-sistemático, não esquecendo – e aqui adotamos a preciosa lição de Juarez Freitas – que toda a interpretação ou é sistemática ou não é interpretação.[288]

Mais adiante, prossegue, afirmando:

> É justamente para efeitos da indispensável hierarquização que se faz presente no processo hermenêutico, que a dignidade da pessoa humana (ombreando em importância talvez apenas com a vida – e mesmo esta há de ser vivida com dignidade) tem sido reiteradamente considerada como o princípio (e valor) de maior hierarquia da nossa e de todas as ordens

insurge uma tendência em se abrandar a rigidez das normas para se atingir a plenitude da prestação jurisdicional (...)".

[286] Edilson Pereira de Farias (*Colisão de Direitos*, p. 54).

[287] Ingo Wolfgang Sarlet (*Dignidade da pessoa humana...*, p. 82).

[288] Idem, p. 83.

A Titularidade dos Direitos Fundamentais

jurídicas que a reconheceram, aspecto que nos remete ao problema de uma eventual relativização da dignidade e da necessidade de uma ponderação (e, por conseguinte, também de uma hierarquização) de bens, que aqui vai apenas adiante. Assim, precisamente no âmbito desta função hermenêutica do princípio da dignidade da pessoa humana, poder-se-á afirmar a existência não apenas de um dever de interpretação conforme a Constituição e dos Direitos Fundamentais, mas acima de tudo – aqui também afinamos com o pensamento de Juarez Freitas – de uma hermenêutica que, para além do conhecido postulado do *in dubio pro libertate*, tenha sempre presente 'o imperativo segundo o qual em favor da dignidade não deve haver dúvida.[289]

Necessário ao processo hermenêutico, o princípio da unidade da Constituição determina que, por ser um todo harmônico, nenhum de seus dispositivos deve ser considerado isoladamente. Até mesmo as regras que regem situações específicas devem ser interpretadas de modo que não se choquem com o plano geral da Carta.[290]

Então, o texto constitucional não pode, de modo algum, ser interpretado literalmente. Os direitos fundamentais são reconhecidos a todos, de um modo geral, nacionais e estrangeiros,[291] e às pessoas jurídicas também, assim como os entes despersonalizados, em suas particularidades, como vimos anteriormente.[292]

Segundo Canotilho, essa interpretação se ajusta a um outro princípio, o da máxima efetividade, o qual enuncia que a uma norma constitucional deve ser atribuído o sentido que lhe dê maior eficácia:

É hoje sobretudo invocado (o princípio) no âmbito dos direitos fundamentais (no caso de dúvidas deve preferir-se a interpretação que reconheça maior eficácia aos direitos fundamentais).[293]

---

[289] Ibidem, p. 85-86.

[290] Linares Quintana (*Tratado de la ciencia del derecho constitucional argentino y comparado*, p. 122).

[291] Inclusive aos não-residentes no País.

[292] Apesar de que nem todos são direitos do Homem, como a Ação Popular, que é do cidadão, ou aqueles direitos inerentes à natureza da relação jurídica em que alguém está envolvido e, por conseqüência, será titular do direito (*v.g.* relação jurídica de direito real: o proprietário em relação à coisa).

[293] Canotilho (*op. cit.*, p. 233)

Complementando quanto à concretização normativa alcançada pela interpretação constitucional, Hesse leciona que

> a interpretação tem significado decisivo para a consolidação e preservação da força normativa da Constituição. A interpretação adequada é aquela que consegue concretizar, de forma excelente, o sentido da proposição normativa dentro das condições reais dominantes numa determinada situação.[294]

A partir disso, quando da realização do processo de interpretação da Constituição, deve-se procurar ampliar o âmbito de aplicação das normas constitucionais, por consistir em realizá-las concretamente.

---

[294] Konrad Hesse (*A força normativa da Constituição*, p. 22-23).

Considerações finais

Os direitos fundamentais, proclamados em documentos históricos diversos, encontram-se presentes na grande maioria das Constituições das democracias modernas.

Uma extensa conquista, no decorrer da História, e a ampliação gradual de direitos foram objeto de um longo processo político, jurídico e social, no qual se firmou o que temos hoje como Estado Democrático de Direito. Em relação à República Federativa do Brasil, os direitos fundamentais sempre foram parte integrante do texto das oito Constituições brasileiras. Porém, de uma forma mais específica, a indicação da titularidade dos direitos fundamentais sempre foi abordada de modo um tanto inadequado, utilizando, sempre, fórmula semelhante – exceto em relação à de 1824, a qual só se referia aos cidadãos brasileiros (art. 179). O texto constitucional atual afirma reconhecer os direitos fundamentais "aos brasileiros e aos estrangeiros residentes no País", segundo a norma do *caput* do art. 5º, como se não fossem assegurados a todos os seres humanos, às pessoas jurídicas e aos entes despersonalizados, ainda que não seja a totalidade dos direitos fundamentais previstos na Constituição garantida a todos esses titulares.

É claro que esse alcance amplo da determinação dos titulares decorre de uma interpretação não-literal do

A Titularidade dos Direitos Fundamentais

enunciado da regra constitucional, pois o texto não deve ser interpretado literalmente.

Uma interpretação literal poderia nos fazer concluir que somente aos brasileiros e aos estrangeiros residentes no País seriam reconhecidos os direitos fundamentais. Sobre essa interpretação, Georges Kalinowski adverte:

> Por outra parte, se a interpretação chamada lógica e os argumentos interpretativos chamados lógicos, terminam em um erro jurídico, desde o ponto de vista da utilidade, de justiça ou outro critério propriamente jurídico, segundo o qual o jurista julga os resultados de seu trabalho de jurista, não é que a lógica traga desgraça e sim porque o jurista elegeu uma má (do ponto de vista jurídico) espécie de interpretação.[295]

Teríamos, então, diante de uma interpretação literal, como quer Kalinowski, um erro jurídico.

A interpretação a ser empregada, portanto, é a sistemática, em que se confronta cada norma jurídica com todo arcabouço normativo constitucional, conforme Tupinambá Nascimento.[296]

A solução para o reconhecimento da indicação dos titulares também encontra resultados positivos no sentido de que a vinculação essencial dos direitos fundamentais à dignidade humana, constituída à custa da complementação de valores históricos, políticos, jurídicos e sociais, conduz, diretamente, ao significado de universalidade inerente a esses direitos como ideal da pessoa humana, tendo a universalidade se manifestado, pela primeira vez, como descoberta do racionalismo francês da Revolução, por ensejo da Declaração de Direitos do Homem de 1789.[297]

---

[295] Kalinowski (*Concepto, Fundamento y concreción del derecho*, p. 121).

[296] Tupinambá Miguel Castro do Nascimento (*op. cit.*, p. 21).

[297] Complementamos com o ensino de Paulo Bonavides (*A nova universalidade dos direitos fundamentais*, p. 3).

Entretanto, a percepção teórica identificou que as declarações antecedentes de ingleses e americanos podiam ganhar em concretude, todavia perdiam em grau de abrangência, porquanto se dirigiam a uma camada social privilegiada (os barões feudais), quando muito a um povo ou a uma sociedade que se libertava politicamente conforme havia ocorrido com as antigas colônias americanas, enquanto a Declaração Francesa de 1789 se destinava a todo o gênero humano, sendo, provavelmente, por isso mesmo, e pelas condições da época, a mais abstrata de todas as formulações solenes já feitas acerca da liberdade.[298]

Considerando esses aspectos, a Constituição deve ser interpretada de modo concordante com o sistema democrático, e, redigida pelo legislador representante do povo, deve se destinar a todos.

Por isso, salutar o liceu de Jorge Miranda: "A Constituição confere uma unidade de sentido, de valor e de concordância prática ao sistema de direitos fundamentais. E ela repousa na dignidade da pessoa humana, ou seja, na concepção que faz a pessoa fundamento e fim da sociedade e do Estado".[299]

E Bonavides, a respeito do que denomina de "nova universalidade", como característica dos direitos fundamentais, relata:

A nova universalidade procura, enfim, subjetivar de forma concreta e positiva os direitos da tríplice geração na titularidade de um indivíduo que antes de ser o homem deste ou daquele País, de uma sociedade desenvolvida ou subdesenvolvida, é pela sua condição de pessoa um ente qualificado por sua pertinência ao gênero humano, objeto daquela universalidade.[300]

À lição de Bonavides, integramos as pessoas jurídicas e os entes despersonalizados.

---

[298] Paulo Bonavides (*A nova universalidade dos direitos fundamentais*).

[299] Jorge Miranda (*Manual de Direito Constitucional*, p. 166)

[300] Paulo Bonavides (*op. cit.*, p. 12).

A Titularidade dos Direitos Fundamentais

Portanto, o reconhecimento dos titulares dos direitos fundamentais no sistema constitucional brasileiro deve ser assegurado não só às pessoas físicas, mas também às jurídicas, e, em suas particularidades, aos entes despersonalizados, como garantia plena da vigência do Estado Democrático de Direito em nosso País.

Bibliografia

ALEXY, Robert. *Teoría de los derechos fundamentales.* Madrid: Centro de Estudios Constitucionales, 1993.

_____. Direitos Fundamentais no Estado Constitucional Democrático. Tradução de Luís Afonso Heck. *Revista da Faculdade de Direito da Universidade Federal do Rio Grande do Sul,* Porto Alegre, v. 16, p. 203-214, 1999.

ALFONSIN, Jacques Távora. Terra como objeto de colisão entre o direito patrimonial e os direitos humanos fundamentais. Estudo crítico de um acórdão paradigmático. *Estudos Jurídicos,* São Leopoldo, v. 32, n. 86, p. 33-60, 1999.

ALMEIDA, Fernando Barcellos de. *Teoria Geral dos Direitos Humanos.* Porto Alegre: Sérgio Antônio Fabris Editor, 1996.

ALMEIDA, Maria Christina de. Uma reflexão sobre o significado do princípio da proporcionalidade para os direitos fundamentais. *Revista da Faculdade de Direito,* Fundação da Universidade Federal do Paraná, Curitiba, n. 30, p. 369-397, 1998.

ALSTON, Philip. *Conjuring Up New Human Rights: A Proposal For Quality Control.* American Journal of International Law, 1984. V. 78.

ALTAVILA, Jayme de. *Origem do Direito dos Povos.* 5 ed. São Paulo: Ícone, 1989.

AMARAL, Jussara de Fátima. A Eficácia da Cidadania. *Cadernos de Direito Constitucional e Ciência Política,* São Paulo, n. 14, p. 206, 1998.

AMARO, Mohamed. *Dos Direitos e Deveres Individuais e Coletivos Constitucionais - em verbetes.* Rio de Janeiro: Renovar, 1989.

ANDRADE, José Carlos Vieira de. *Os Direitos Fundamentais na Constituição Portuguesa de 1976.* Coimbra: Almedina, 1987.

ANABITARTE, A. Gallego. *Derechos Fundamentales y Garantias Institucionales.* Madrid: Tecnos, 1994.

ARANHA, Márcio Iorio. *Interpretação Constitucional e Garantias Institucionais dos Direitos Fundamentais.* São Paulo: Atlas, 1999.

ARAÚJO, Luiz Alberto David; NUNES JÚNIOR, Vidal Serrano. *Curso de Direito Constitucional.* São Paulo: Saraiva, 1998.

ARDANT, Phillipe. *Les textes sur les droits de l'homme.* Paris: Presses Universitaires, 1990

ASSIS, Araken de. Eficácia das Normas Constitucionais. *Revista da AJURIS,* Porto Alegre, n. 50, 1990 .

ÁVILA, Marcelo Roque Anderson Maciel. *A Garantia dos Direitos Fundamentais Frente às Emendas Constitucionais.* Rio de Janeiro: Destaque, 2001.

A Titularidade dos Direitos Fundamentais

BARACHO, José Alfredo de Oliveira. Direitos e Garantias Fundamentais (Parte Geral). *Revista da Faculdade de Direito*, Universidade Federal de Minas Gerais, Belo Horizonte, v. 33, n. 33, 1991.

———. Teoria Geral dos Procedimentos de Exercício da Cidadania perante a Administração Pública. *Revista de Direito Administrativo*, Rio de Janeiro, v. 207, p. 39-78, 1997.

BARBI, Celso Agrícola. Proteção Processual dos Direitos Fundamentais. *Revista da AJURIS*, Porto Alegre, v. 43, p.137-154, 1988.

BARBOSA, Ruy. *Commentários à Constituição Federal Brasileira*. Colligidos e ordenados por Homero Pires. São Paulo: Saraiva e Cia., 1934. V. 4 e 5.

BARROS, Suzana de Toledo. *O Princípio da Proporcionalidade e o Controle da Constitucionalidade das Leis Restritivas de Direitos Fundamentais*. Brasília: Brasília Jurídica, 1996.

BARROSO, Luís Roberto. *Interpretação e Aplicação da Constituição: Fundamentos de uma Dogmática Constitucional Transformadora*. 2 ed. São Paulo: Saraiva, 1998 .

———. *O Direito Constitucional e a Efetividade de suas Normas*. 3 ed. Rio de Janeiro: Renovar, 1996.

BASTOS, Celso Ribeiro. *Curso de Direito Constitucional*. 19 ed. São Paulo: Saraiva, 1998.

———. *Curso de Teoria Geral do Estado e Ciência Política*. 3 ed. São Paulo: Saraiva, 1995.

———. *Hermenêutica e Interpretação Constitucional*. 2 ed. São Paulo: Celso Bastos Editor, 1999.

———; MARTINS, Ives Gandra. *Comentários à Constituição do Brasil*. São Paulo: Saraiva, 1989. V. 1, 2 e 4.

BERMAN, Harold T. *Law and Revolution*. Cambridge: Harvard University Press, 1983.

BIDART, Adolfo Gelsi. *De Derechos, Deberes y Garantias del Hombre Comun*. Montevideo: Fundación de Cultura Universitaria, 1987.

BIDART CAMPOS, Germán J. *Doctrina del Estado Democratico*. Buenos Aires: Europa-America, 1961.

———. *Teoria General de los Derechos Humanos*. Buenos Aires: Astrea, 1992.

BLACKBURN, R. *Constitucional Studies*. Londres: London editions, 1992.

BLECKMANN, Albert. *Staatsrecht II - Die Grundrechte*. 4 ed. Carl Heymanns, Köln - Berlin - Bonn - München, 1997.

BOBBIO, Norberto. *A Era dos Direitos*. Rio de Janeiro: Campus, 1992.

BONAVIDES, Paulo. *A Constituição Aberta*. 2 ed. São Paulo: Malheiros, 1996.

———. A Nova Universalidade dos Direitos Fundamentais. *Nomos: Revista do Curso de Mestrado em Direito da Universidade Federal de Fortaleza*, Fortaleza, v. 9, p.1-13, 1991.

———. *Curso de Direito Constitucional*. 8 ed. São Paulo: Malheiros, 1997.

———. *Do Estado Liberal ao Estado Social*. Belo Horizonte: Del Rey,1993.

———. O Princípio Constitucional da Proporcionalidade e a Proteção dos Direitos Fundamentais. *Revista da Faculdade de Direito*, Universidade Federal de Minas Gerais, Belo Horizonte, v. 34, p. 275-291, 1994.

———; ANDRADE, Paes de. *História Constitucional do Brasil*. 3 ed. Rio de Janeiro: Paz e Terra, 1991.

BORJA, Sérgio. Direitos Fundamentais. *Revista da Faculdade de Direito da Universidade Federal do Rio Grande do Sul*, Porto Alegre, v. 16, p. 229-234. 1999.

BOVEN, Theodor C. Van. *Las Dimensiones Internacionales de los Derechos Humanos*. Barcelona: Serbal/Unesco, 1984.

114 *Anelise Coelho Nunes*

BRANCO, Paulo Gustavo Gonet; MENDES, Gilmar Ferreira; COELHO, Inocêncio Mártires. *Hermenêutica Constitucional e Direitos Fundamentais*. Brasília: Brasília Jurídica, 2000.

BRIMO, Albert. *Les Principes Generaux du Droit et Les Droits de L'homme*. Archives de Philosophie du Droit, Paris, 1983. V. 28.

BRITO, Edvaldo. *Limites da Revisão Constitucional*. Porto Alegre: Sérgio Antônio Fabris Editor, 1993.

BROUSSARD, Domenico Corradini. Os Direitos Fundamentais e o Primeiro Dever Fundamental. *Revista da Faculdade de Direito*, Fundação da Universidade Federal do Paraná, Curitiba, n. 30, p. 11-23, 1998.

BRUNO FILHO, Fernando Guilherme. Eficácia das Normas Constitucionais de Direitos Fundamentais. O Direito à Habitação. *Cadernos de Direito Constitucional e Ciência Política*, Revista dos Tribunais, São Paulo, v. 26, p. 241-256, 1999.

BULOS, Uadi Lammêgo. *Manual de Interpretação Constitucional*. São Paulo: Saraiva, 1997.

BUTTER, Roberto Duarte. Parecer: Defensoria Pública. Atribuição de defesa dos direitos fundamentais dos presos. Extensão da atribuição. Prerrogativas funcionais. Atribuições administrativas das autoridades policiais. Legalidade de requisição ao Delegado Titular de realização de perícia em carceragem policial. *Revista de Direito da Defensoria Pública*, Rio de Janeiro, n. 7, p. 183-190, 1995.

BUZAID, Alfredo. *Do Mandado de Segurança*. São Paulo: Saraiva, 1989. V. I.

CAETANO, Marcelo. *Manual de Ciência Política e Direito Constitucional*. Coimbra: Almedina, 1989.

CANOTILHO, Joaquim José Gomes. *Direito Constitucional e Teoria da Constituição*. Coimbra: Almedina, 1998.

————. *Tomemos a Sério os Direitos Económicos, Sociais e Culturais*. Coimbra: Coimbra Editora, 1988.

————; MOREIRA, Vital. *Fundamentos da Constituição*. Coimbra: Coimbra Editora, 1991.

CARRILO, Marc. *La Tutela de los Derechos Fundamentales por los Tribunales Ordinarios*. Madrid: Boletín Oficial del Estado - Centro de Estudios Constitucionales, 1995.

CARRIÓ, Genaro. *Notas sobre Derecho y Lenguage*. Buenos Aires: Perrot, 1986.

CARRION, Eduardo Kröeff Machado. *Apontamentos de Direito Constitucional*. Porto Alegre: Livraria do Advogado, 1997.

CARVALHO, Júlio Marino de. *Os Direitos Humanos no Tempo e no Espaço: Visualizados Através do Direito Internacional, Direito Constitucional, Direito Penal e da História*. Brasília: Livraria e Editora Brasília Jurídica, 1998.

CARVALHO, Kildare Gonçalves. *Direito Constitucional Didático*. 5 ed. Belo Horizonte: Del Rey, 1997.

CENEVIVA, Walter. *Direito Constitucional Brasileiro*. São Paulo: Saraiva, 1991.

CEPEDA, Manuel Jose. *Los Derechos Fundamentales en la Constitución de 1991*. 2 ed. Santa Fé de Bogota: Editorial Temis, 1992.

CERRI, A. *Corso di Giustizia Costituzionale*. Milano, 1997.

CLAUDE, Richard P. *Comparative Human Rights*. Baltimore: The John Hopkins University Press, 1977.

CLÈVE, Clémerson Merlin. *Temas de Direito Constitucional*. São Paulo: Acadêmica, 1993.

CODERCH, P. Salvador; VON MUNCH, J.; FERRER I RIBA, J. *Associaciones, Derechos Fundamentales y Autonomia Privada*. Madrid: Tecnos, 1997.

A Titularidade dos Direitos Fundamentais

COELHO, Inocêncio Mártires. Direitos Individuais e Coletivos na Constituição de 1988. *Revista de Informação Legislativa*, Brasília, n. 115, v. 29, p. 43-52, 1992.

———. *Interpretação Constitucional*. Porto Alegre: Sérgio Antônio Fabris Editor, 1997.

———; MENDES, Gilmar Ferreira; BRANCO, Paulo Gustavo Gonet. *Hermenêutica Constitucional e Direitos Fundamentais*. Brasília: Brasília Jurídica, 2000.

COMPARATO, Fábio Konder. *A Afirmação Histórica dos Direitos Humanos*. São Paulo: Saraiva, 1999.

———.*Comentário ao art. 1º da Declaração Universal dos Direitos Humanos*. Direitos Humanos: Conquistas e Desafios - Comissão Nacional de Direitos Humanos. Brasília: Ordem dos Advogados do Brasil - Conselho Federal, 1998.

———. *Direitos Humanos e Estado*. São Paulo: Brasiliense, 1989.

CORREA, Walter Guilherme Hutten. A solução de conflitos entre normas garantidoras de direitos fundamentais. *Revista do SAJU: para uma visão crítica e interdisciplinar do Direito*, Faculdade de Direito/UFRGS e Serviço de Assessoria Jurídica Universitária, Porto Alegre, v. 1, p. 142-150, 1998.

COSSIO DIAZ, Jose Ramón. *Estado Social y Derechos de Prestación*. Madrid: Centro de Estudios Constitucionales, 1989.

COSTA, Célio Silva. *A Interpretação Constitucional e os Direitos e Garantias Fundamentais na Constituição de 1988: Comentários aos Artigos 5º ao 17 da Constituição*. Rio de Janeiro: Liber Juris, 1992.

COTTA, Sergio. L'attuale Ambiguità dei Diritti Fondamentali. *Revista de Diritto Civile*, Padova, tomi 1, p. 225-240, 1993.

CREPALDI, Giampaolo. Concepções do Mundo e Exclusão Social. I Conferência Internacional de Direitos Humanos, Brasília. *Anais*. Brasília: Ordem dos Advogados do Brasil - Conselho Federal, 1997.

CRETELLA JÚNIOR, José. *Comentários à Constituição Brasileira de 1988*. Rio de Janeiro: Forense Universitária, 1997. V. 1.

CUNHA FILHO, Francisco Humberto. *Direitos Culturais como Direitos Fundamentais no Ordenamento Jurídico Brasileiro*. Brasília: Brasília Jurídica, 2000.

DALLARI, Dalmo. *Elementos de Teoria Geral do Estado*. 19 ed. São Paulo: Saraiva, 1995.

———. Os direitos fundamentais na Constituição Brasileira. *Revista da Faculdade de Direito da Universidade de São Paulo*, São Paulo, v. 88, p. 421-438, 1993.

———. *O Que São Direitos das Pessoas*. São Paulo: Abril Cultural- Brasiliense, 1984.

DELVAUX, Paul. *L'utile et le Juste Dans les Droits de L'homme Revoluctionnaires*. Archives de Philosophie du Droit, Paris, v. 26, 1981.

DIAS, Francisco Mauro. Estado de Direito, Direitos Humanos (Direitos Fundamentais), Segurança Jurídica e Reforma do Estado. *Revista de Ciências Sociais da Universidade Gama Filho*, Rio de Janeiro, p. 235-275, 1997.

DIAZ, Elias. *Estado de Derecho y Sociedade Democrática*. Madrid: Editorial Cuadernos para el Dialogo, 1975.

DICEY, Carl. *Introduction to the Study of the Law Constitution*. London: Mac Millan, 1981.

DINIZ, Márcio Augusto de Vasconcelos. Direitos Fundamentais e a Retórica Política. *Pensar: Revista do Curso de Direito da Universidade de Fortaleza*, Fortaleza, v. 4, p. 171-189, 1996.

DORNELLES, João Ricardo. *O Que são Direitos Humanos*. São Paulo: Brasiliense, 1989.

DUPUY, Pierre-Marie. *L'Individu et le droit international theorie des droits de l'homme et fondement du droit international.* Archives de Philosophie du Droit, Paris: 1987. V. 32.

DWORKIN, Ronald. *Laws Empire.* Cambridge: Harvard University Press, 1986.

————. *Taking Rights Seriously.* Cambridge: Harvard University Press, 1999.

EKMEKDJIAN, Miguel Angel. *Tratado de Derecho Constitucional.* Buenos Aires: Depalma, 1993. Tomo I.

————; PIZZOLO, Calogero. *Hábeas Data: el Derecho a la Intimidad Frente a la Revolución Informática.* Buenos Aires: Depalma, 1996.

ESPIELL, Hector Gross. *Estudios sobre Derechos Humanos.* Madrid: Civitas, 1988.

ESPÍNOLA, Eduardo. *A Nova Constituição do Brasil.* Rio de Janeiro: Freitas Bastos, 1946.

FALCÃO, Alcino Pinto. Direitos fundamentais do homem serão um "aliud" em relação a direitos fundamentais, assegurados na Constituição? *Revista de Jurisprudência do Tribunal de Justiça do Estado da Guanabara,* Rio de Janeiro, v. 7, p. 29-37, 1964.

FAORO, Raymundo *et alli.* Constituição e Constituinte. *Cadernos Apamagis - Associação Paulista de Magistrados,* São Paulo, v. 6, 1998.

FARIA, José Eduardo (org.). *Direitos Humanos, Direitos Socais e Justiça.* São Paulo: Malheiros, 1994.

————. *A Crise Constitucional e a Restauração da Legitimidade.* Porto Alegre: Sérgio Antônio Fabris Editor, 1985.

FARIAS, Edilsom Pereira de. *Colisão de Direitos. A honra, a Intimidade, a Vida Privada e a Imagem Versus a Liberdade de Expressão e Informação.* Porto Alegre: Sérgio Antônio Fabris Editor, 1996.

————. Direitos Fundamentais e Políticas Neoliberais. *Revista da Faculdade de Direito,* Fundação da Universidade Federal do Paraná, Curitiba, n. 30, p. 141-149, 1998.

FERNÁNDEZ, Eusebio. *Teoría de la Justicia y Derechos Humanos.* Madrid: Debates, 1984.

FERRAJOLI, Luigi. *Derechos y Garantias.* Madrid: Editorial Trotta, 1999.

FERRAZ, Anna Candida Cunha; GRINOVER, Ada Pellegrini; FERREIRA FILHO, Manoel Gonçalves. *Liberdades Públicas: Parte Geral.* São Paulo: Saraiva, 1990.

FERRAZ, Sérgio. *Mandado de Segurança (Individual e Coletivo): Aspectos Polêmicos.* São Paulo: Malheiros, 1992.

FERREIRA, Aluizio. *Direito à Informação, Direito à Comunicação: Direitos Fundamentais na Constituição Brasileira.* São Paulo: Celso Ribeiro Bastos Editor, 1997.

FERREIRA, Pinto. *Curso de Direito Constitucional.* 9 ed. São Paulo: Saraiva, 1998.

————. *Comentários à Constituição Brasileira.* São Paulo: Saraiva, 1991. V. 1 e 3.

FERREIRA, Wolgran Junqueira. *Direitos e garantias individuais: comentários ao art. 5º da CF/88.* São Paulo: Edipro, 1997 .

FERREIRA FILHO, Manoel Gonçalves. *Direitos Humanos Fundamentais.* São Paulo: Saraiva, 1995.

————. *Comentários à Constituição Brasileira de 1988.* São Paulo: Saraiva, 1997. V. 1.

————. *Curso de Direito Constitucional.* 22 ed. São Paulo: Saraiva, 1995.

————. Os direitos fundamentais: problemas jurídicos, particularmente em face da Constituição brasileira de 1988. *Revista de Direito Administrativo,* Rio de Janeiro, n. 203, p. 1-10, 1996.

————; GRINOVER, Ada Pellegrini; FERRAZ, Anna Candida Cunha. *Liberdades Públicas: Parte Geral.* São Paulo: Saraiva, 1990.

————. *Estado de Direito e Constituição.* São Paulo: Saraiva, 1988.

A Titularidade dos Direitos Fundamentais

FIORILLO, Celso Antônio Pacheco. *Direitos Humanos Fundamentais*. São Paulo: Saraiva, 1996.

FONSECA, José Roberto Franco da. Dimensão Internacional dos Direitos Fundamentais da Pessoa. *Revista da Faculdade de Direito da Universidade de São Paulo*, São Paulo, v. 88, p. 487-496, 1993.

FRANCO, Afonso Arinos de Melo. *Curso de Direito Constitucional Brasileiro*. Rio de Janeiro: Forense, 1968.

FREITAS, Juarez. *A interpretação Sistemática do Direito*. São Paulo: Malheiros, 1995.

————. *O Controle dos Atos Administrativos e os Princípios Fundamentais*. São Paulo: Malheiros, 1997.

————. Tendências atuais e perspectivas da Hermenêutica Constitucional. *AJURIS: Revista da Associação dos Juízes do Rio Grande do Sul*, Porto Alegre, n. 76, p. 397-408, 1999.

GARCIA, José Carlos Cal. *Linhas Mestras de Constituição Federal de 1988*. São Paulo: Saraiva, 1998.

GARCIA, Pedro de Veja. *Dificultades y Problemas para la Construcción de un Constitucionalismo de la Igualdad (en Caso de la Eficacia Horizontal de los Derechos Fundamentales)*. Madrid: Marcial Pons, 1996.

GARCIA HERRERA, M. A. *Constitucionalismo en la Crisis del Estado Social*. Bilbao: Tecnos, 1997.

GARCÍA TORRES, Jesús; JIMÉNEZ-BLANCO, Antonio. *Derechos Fundamentales y Relaciones entre Particulares*. Madrid: Editorial Civitas, 1986.

GAVARA DE CARA, Juan Carlos. *Derechos Fundamentales y Desarrollo Legislativo. La Garantía del Contenido Esencial de los Derechos Fundamentales en la Ley Fundamental de Bonn*. Madrid: Centro de Estudios Constitucionales, 1994.

GÓMEZ, José Maria et alii. *Direitos Humanos e Redemocratização no Cone Sul*. São Paulo: Brasiliense, 1988.

GONÇALVES, Flávio José Moreira. *Notas para a Caracterização Epistemológica da Teoria dos Direitos Fundamentais. Dos Direitos Humanos aos Direitos Fundamentais, p. 31-43*. Porto Alegre: Livraria do Advogado, 1997.

GORDILLO, Agustín. *Derechos Humanos*. Buenos Aires: Fundación de Derecho Administrativo, 1998.

GOUVEIA, Jorge Bacelar. Os direitos fundamentais à proteção dos dados pessoais informatizados. *Revista da Faculdade de Direito Milton Campos*, Belo Horizonte, v. 2, p.169-194, 1995.

GRINOVER, Ada Pellegrini; FERREIRA FILHO, Manoel Gonçalves; FERRAZ, Anna Candida Cunha. *Liberdades Públicas: Parte Geral*. São Paulo: Saraiva, 1990.

GROSSMAN, Joel B.; WELLS, Richard S. *Constitutional law*. New York: Longmann,1988.

GUERRA FILHO, Willis Santiago (org.). Direitos Fundamentais: Teoria e Realidade Normativa. *Revista dos Tribunais*, São Paulo, v. 713, p. 45-52, 1995 .

————. *Dos Direitos Humanos aos Direitos Fundamentais*. Porto Alegre: Livraria do Advogado, 1997.

————. *Processo Constitucional e Direitos Fundamentais*. São Paulo: Celso Ribeiro Bastos Editor, 1999.

HÄBERLE, Peter. *Efectividad de los Derechos Fundamentales en el Estado Constitucional, in la Garantia Constitucional de los Derechos Fundamentales*. Antonio López Pina (coord.). Madrid: Editorial Civitas, 1991.

———. *Hermenêutica Constitucional. A Sociedade Aberta dos Intérpretes da Constituição: Contribuição para a Interpretação Pluralista e "Procedimental" da Constituição.* Tradução de Gilmar Ferreira Mendes. Porto Alegre: Sérgio Antônio Fabris Editor, 1997.

———. *Le Libertá Fondamentale nello Stato Constituzionale.* Trad. de Alessandro Fusillo e Romolo Rossi. Roma: La Nuova Italia Scientifica, 1993.

HAURIOU, André. *Derecho Constitucional y Instituciones Políticas.* Barcelona: Ariel, 1971.

HECK, Luís Afonso. Direitos fundamentais e sua influência no direito civil. *Revista da Faculdade de Direito da Universidade Federal do Rio Grande do Sul,* Porto Alegre, v. 16, p. 111-125, 1999.

———. Os direitos fundamentais na lei fundamental de Bonn. *Revista de Informação Legislativa,* Brasília, , n. 109, v. 29, p. 321-348, 1991.

———. Os direitos fundamentais, o preceito da proporcionalidade e o recurso constitucional alemão. *Revista da Faculdade de Direito da Universidade Federal do Rio Grande do Sul,* Porto Alegre, v. 15, p. 155-180, 1998.

HERKENHOFF, João Batista. *Direitos Humanos: uma Idéia, Muitas Vozes.* São Paulo: Santuário, 1998.

———. *Curso de Direitos Humanos: Gênese dos Direitos Humanos.* São Paulo: Acadêmica, 1994. V. 1.

HESSE, Konrad. *Elementos de Direito Constitucional da República Federal da Alemanha.* Tradução de Luís Afonso Heck. Porto Alegre: Sérgio Antônio Fabris Editor, 1998.

———. *A Força Normativa da Constituição.* Tradução de Gilmar Ferreira Mendes. Porto Alegre: Sérgio Antônio Fabris Editor, 1991.

———. *Constitucionalidad, Derecho Común y Jurisdicción Ordinária, in Division de Poderes y Interpretación - Hacia una Teoria de la Praxis Constitucional.* Coord. Antonio López Pina. Madrid: Editorial Tecnos, 1987.

———. *Escritos de Derecho Constitucional.* Madrid: Centro de Estudios Constitucionales, 1992.

HURTADO, Juan Guillermo Ruiz. *El Estado, el Derecho y el Estado de Derecho.* Colombia: Facultad de Ciencias Jurídicas y Socio-Económicas, Pontifícia Universidad Javeriana, 1986.

IIDH - INTITUTO INTERAMERICANO DE DERECHOS HUMANOS. *Sistemas Penales y Derechos Humanos en la America Latina.* Buenos Aires: Depalma, 1986

JACQUES, Paulino. *Curso de Direito Constitucional.* 9 ed. Rio de Janeiro: Forense, 1983.

JEANNEU, Benoit. Jurisdicisation et actualisation de la declaration des droits de 1789. *Revue du Droit Public et de la science politique en France et a l'etranger,* Paris, n.3, p. 635-663, 1989.

KALINOWSKI, Georges. *Concepto, Fundamento y Concreción del Derecho.* Buenos Aires: Editorial Abeledo-Perrot, 1982.

KANT, Immanuel. *Doutrina do Direito.* Tradução de Edson Bini. São Paulo: Ícone Editora, 1993.

KELSEN, Hans. *Teoria Pura do Direito.* Tradução de João Batista Machado. 5 ed. São Paulo: Martins Fontes, 1997.

———. *Teoria Geral das Normas.* Porto Alegre: Sérgio Antônio Fabris Editor, 1986.

KLEIN, Antônio Carlos. A importância do mandado de injunção na realização dos direitos fundamentais e os receios infundados do Judiciário em dar vazão a este valioso remédio jurídico. *Pensar: Revista do Curso de Direito da Universidade de Fortaleza,* Fortaleza, v. 4, p. 61-78, 1996.

A Titularidade dos Direitos Fundamentais

LAFER, Celso. *A Reconstrução dos Direitos Humanos*. São Paulo: Companhia das Letras, 1991.

LASSALE, Ferdinand. *O Que é uma Constituição Política*. São Paulo: Global Editora, 1987.

LEAL, Rogério Gesta. *Direitos Humanos no Brasil - Desafio à Democracia*. Porto Alegre: Livraria do Advogado, 1997.

LEITE, Luciano Ferreira. Aplicabilidade imediata dos direitos e garantias individuais da Nova Constituição. *Revista dos Tribunais*, São Paulo, v. 635, p. 14-18, 1998.

LEONCY, Léo Ferreira. Colisão de direitos fundamentais a partir da Lei Federal nº 6.075 de 1997: o direito à imagem de presos, vítimas e testemunhas e a liberdade de expressão e de informação. *Revista de Informação Legislativa*, Brasília, n 136, p. 349-353, 1997.

LEWANDOWSKI, Enrique Ricardo. *Proteção dos Direitos Humanos na Ordem Interna e Internacional*. Rio de Janeiro: Forense, 1984.

LIJPHART, Arend. *As Democracias Contemporâneas*. Lisboa: Gradiva, 1989.

LIPPERT, F. A. Gernot. Tendências e problemas Contemporâneos dos Direitos Fundamentais. *Revista da Faculdade de Direito da Universidade Federal do Rio Grande do Sul*, Porto Alegre, v. 13, p.123-129, 1997.

LLORENTE, Francisco Rubio (org.). *Derechos Fundamentales y Principios Constitucionales*. Barcelona: Ariel, 1995.

LOBATO, Anderson Cavalcante. Reconhecimento e garantias constitucionais dos direitos fundamentais. *Revista de Informação Legislativa*, Brasília, n. 129, p. 85-98, 1996.

LOEWENSTEIN, Karl. *Teoría de la Constitución*. Barcelona: Ariel, 1970.

LÓPEZ PINA, Antonio (director). *La Garantia Constitucional de los Derechos Fundamentales: Alemania, España, Francia e Italia*. Madrid: Facultad de Derecho da Universidad Complutense - Editorial Civitas, 1991.

LUÑO, Antonio Enrique Pérez. *Derechos Humanos, Estado de Derecho e Constitución*. 5 ed. Madrid: Tecnos, 1995.

————. (coord.) *Derechos Humanos y Constitucionalismo Ante el Tercer Milenio*. Madrid: Marcial Pons, 1996.

————. *Los Derechos Fundamentales*. 6 ed. Madrid: Tecnos, 1995.

MAGALHÃES, José Luiz Quadros de. As garantias dos direitos fundamentais. *Revista de Informação Legislativa*, Brasília, v. 122, p. 41-46, 1994.

MAINIERI, Yolanda Ingianna. Os Direitos Humanos da Mulheres. I Conferência Internacional de Direitos Humanos, Brasília. *Anais*. Brasília: Ordem dos Advogados do Brasil - Conselho Federal, 1997.

MANCINI, Federico. La tutela dei diritti dell'uomo: il ruolo della corte di giustizia delle comunita europee. *Rivista Trimestrale di Diritto e Procedura Civile*, Milano, n. 1, v. 43, p. 1-16, 1989.

MARINHO, Josaphat. Direitos e garantias fundamentais. *Revista de Informação Legislativa*, Brasília, v. 127, p. 5-12, 1995.

MARQUES NETO, Floriano Peixoto de Azevedo. Choque de direitos e o dever de tolerância: os direitos fundamentais no limiar do século XXI. *Cadernos de Direito Constitucional e Ciência Política*, São Paulo, v. 9, p. 35-41, 1994.

————. Conceito e evolução dos direitos fundamentais. *Cadernos de Direito Constitucional e Ciência Política*, São Paulo, v. 5, p. 54-61, 1993.

MATSCHER, Franz. *La tutela giurisdizionale dei diritti dell'uomo a livello nazionale ed internazionale. Rivista Trimestrale di Diritto e Procedura Civile*, Milano, n. 3, v. 43, p. 661-684, 1989.

MAXIMILIANO, Carlos. *Hermenêutica e Aplicação do Direito*. 9 ed. Rio de Janeiro: Forense, 1979.

MCILWAIN, Charles Howard. *Constitucionalismo Antiguo e Moderno*. Trad. J. J. Solozabal Echavarria. Madrid: Centro de Estudios Constitucionales, 1991.

MEDINA, Paulo Roberto de Gouvea. Ação especial para tutela de direitos fundamentais em face de particulares. *Revista Trimestral de Direito Público*, São Paulo, v. 20, p. 125-132, 1997.

MEIRELLES, Hely Lopes. *Mandado de Segurança, Ação Popular, Ação Civil Pública, Mandado de Injunção, Habeas Data*. 12 ed. Rio de Janeiro: RT, 1989.

MELLO, Celso Antônio Bandeira de. *O Conteúdo Jurídico do Princípio da Igualdade*. 2 ed. São Paulo: Revista dos Tribunais, 1984.

MELLO, Celso D. de Albuquerque. *Direitos Humanos e Conflitos Armados*. Rio de Janeiro: Renovar, 1997.

MELLO FILHO, José Celso de. *Constituição Federal Anotada*. São Paulo: Saraiva, 1989.

MENDES, Gilmar Ferreira. Colisão de direitos fundamentais: liberdade de expressão e de comunicação e direito à honra e à imagem. *Revista de Informação Legislativa*, Brasília, v. 122, p. 297-302, 1994.

————. Direitos Fundamentais: Eficácia das Garantias Constitucionais nas Relações Privadas. Análise da Jurisprudência da Corte Constitucional Alemã. *Cadernos de Direito Constitucional e Ciência Política*, São Paulo, v. 27, p. 33-44, 1999.

————. Direitos Fundamentais e Controle de Constitucionalidade: Estudos de Direito Constitucional. 2 ed. São Paulo: Instituto Brasileiro de Direito Constitucional/Celso Ribeiro Bastos Editor, 1999.

————; COELHO, Inocêncio Mártires; BRANCO, Paulo Gustavo Gonet. *Hermenêutica Constitucional e Direitos fundamentais*. Brasília: Brasília Jurídica, 2000.

MILLER, Jonathan M.; GELLI, María Angélica; CAYUSO, Susana. *Constitución y Derechos Humanos*. Buenos Aires: Editorial Astrea, 1991.

MIRANDA, Jorge. *Constituições de Diversos Países*. Lisboa: Imprensa Nacional - Casa da Moeda, 1987. V. I e II.

————. Direitos Fundamentais: Relatório. Lisboa: Universidade de Lisboa, 1984.

————. Manual de Direito Constitucional. 3 ed. Coimbra: Coimbra Editora, 2000. V. II e IV.

————.Os direitos fundamentais, sua dimensão individual e social. *Cadernos de Direito Constitucional e Ciência Política*, São Paulo, n. 1, p. 198-208, 1992.

MORAES, Alexandre de. Direito ao silêncio e Comissões Parlamentares de Inquérito. *Boletim IBCCRIM*, São Paulo, n. 79, p. 13-14, 1999.

————. Direito Constitucional. 9 ed. São Paulo: Atlas, 1997.

————. Direitos Humanos Fundamentais. São Paulo: Atlas, 1997.

————. Provas ilícitas e proteção aos direitos humanos fundamentais. *Boletim IBCCRIM*, São Paulo, n. 63, p. 13-14, 1998.

MORAIS, Océlio de Jesus. A Questão dos Direitos e Deveres Fundamentais: a Liberdade e o Direito Positivo. *Revista do Tribunal de Justiça do Estado do Pará*, Belém, n. 68, v. 41, p.38-51, 1996.

A Titularidade dos Direitos Fundamentais

MUÑOZ MACHADO, S. *Constitucion Española. Derechos y Libertades Fundamentales.* Madrid: Centro de Estudios Constitucionales, 1992.

NASCIMENTO, Tupinambá Miguel Castro do. *Comentários à Constituição Federal.* Porto Alegre: Livraria do Advogado, 1997.

NINO, Carlos Santiago. *Ética y Derechos Humanos.* Buenos Aires: Astrea, 1989.

NUNES, Anelise Coelho. *Apreciação Probatória no Processo Civil.* Porto Alegre: Verbo Jurídico, 2001.

OBERDORFF, Henri. A propos de l'actualite juridique de la declaration de 1789.*Revue du Droit Public et de la science politique en France et a l'etranger*, Paris, n. 3, p. 665-684, 1989.

OLIVEIRA JÚNIOR, José Alcebíades de. Estado e Eficácia dos Direitos Fundamentais. *Revista de Direito*, Santa Cruz do Sul, n. 11, p. 47-56, 1999.

OLVERA, Óscar Rodríguez. *Teoria de los Derechos Sociales en la Constitución Aberta.* Espanha: Editorial Comares, 1998.

PACE, Alessandro. La garanzia dei diritti fondamentali nell' ordinamento costituzionale italiano: il ruolo del legislatore e dei giudici comuni. *Rivista Trimestrale di Diritto e Procedura Civile*, Milano, n. 3, v. 43, p. 685-704, 1989.

PADILLA, Miguel M. *Leciones sobre Derechos Humanos y Garantías.* Buenos Aires: Abeledo Perrot, 1993.

PASQUALINI, Alexandre. *Hermenêutica e Sistema Jurídico - uma Introdução à Interpretação Sistemática do Direito.* Porto Alegre: Livraria do Advogado, 1999.

PECES-BARBA MARTINEZ, Gregorio. *Curso de Derechos Fundamentales. Teoria General.* Madrid: Tecnos, 1995.

PENTEADO, Jaques de Camargo (org.). *A Vida dos Direitos Humanos. Bioética Médica e Jurídica.* Porto Alegre: Sérgio Antônio Fabris Editor, 1999.

PEREZ, Francisco Porrua. *Doctrina Politica de las Garantias Individuales.* México: Editorial Porrua S.A., 1961.

PEREZ, Marcos Augusto. O papel do Poder Judiciário na efetividade dos direitos fundamentais. *Cadernos de Direito Constitucional e Ciência Política*, São Paulo, n. 11, p. 237-246, 1995.

PIOVESAN, Flávia. *Direitos Humanos e o Direito Constitucional Internacional.* 2 ed. São Paulo: Max Limonad, 1997.

PIZZOLO, Calogero; EKMEKDJIAN, Miguel Angel. *Hábeas Data: el Derecho a la Intimidad Frente a la Revolución Informática.* Buenos Aires: Depalma, 1996.

PIZZORUSSO, Alessandro. Procedures et techniques de protection des droits fundamentaux: cour constitutionnelle italienne. *Revue Internationale de Droit Compare*, Paris, n. 2, v. 33, p. 395-416, 1981.

POIRIER, Donald. *Le Systeme Juridique Canadien et ses Institutions.* Canada: Acadie, 1991.

PONTES DE MIRANDA, Francisco Cavalcanti. *Democracia, Liberdade, Igualdade: os Três Caminhos.* 2 ed. São Paulo: Saraiva, 1979.

―――. *Comentários à Constituição de 1967, com a Emenda nº 1 de 1969.* 3 ed. Rio de Janeiro: Forense, 1987. Tomo IV.

PUGLIESE, Giovanni. Appunti per una Storia Della Protezione dei Diritti Umani. *Rivista Trimestrale di Diritto e Procedura Civile*, Milano, n. 3, v. 43, p. 619-659, 1989.

QUINTANA, Linares. *Tratado de la Ciencia del Derecho Constitucional Argentino y Comparado.* Buenos Aires: Alfa, 1956.

RABENHORST, Eduardo Ramalho. *Dignidade Humana e Moralidade Democrática*. Brasília: Brasília Jurídica, 2001.

RIOS, Roger Raupp. Direitos fundamentais e orientação sexual: o direito brasileiro e a homossexualidade. *Revista do CEJ - Centro de Estudos Judiciários*, Brasília, v. 6, p. 27-39, 1998.

ROBERT, Jacques. Libertés Publiques. La Protection des Droits Fundamentaux. *Revue du Droit Public et de la science politique en France et a l'etranger*, Paris, n. 3, p. 696-712. 1989.

ROBLES, Gregorio. *Los Derechos Fundamentales y la Ética en la Sociedad Atual*. Madrid: Editorial Civitas, 1992.

ROCHA, Cármen Lúcia Antunes. O constitucionalismo contemporâneo e a instrumentalização para a eficácia dos direitos fundamentais. *Revista Trimestral de Direito Público*, São Paulo, v. 16, p. 39-58, 1996.

ROCHA, Fernando Luiz Ximenes. Direitos fundamentais na Constituição de 1988. *Cadernos de Direito Constitucional e Ciência Política*, São Paulo, n. 25, p. 109-118, 1998.

RODRIGUES, Lêda Boechat. Direito e Política. Os direitos humanos no Brasil e nos Estados Unidos. *Coleção AJURIS*, Porto Alegre, v. 8, p. 138 e seguintes, 1977.

RODRÍGUEZ-ARMAS, Magdalena Lorenzo. *Análisis del Contenido Esencial de los Derechos Fundamentales*. Espanha: Editorial Comares, 1996.

ROSS, Alf. *Law and Justice*. Londres: Stevens and sons, 1988.

ROTHENBURG, Walter Claudius. Direitos fundamentais e suas características. *Cadernos de Direito Constitucional e Ciência Política*, São Paulo, n. 29, p. 55-65, 1999.

RUSCHEL, Ruy Ruben. *Direito Constitucional em Tempos de Crise*. Porto Alegre: Sagra Luzzatto, 1997.

RUSSO, Eduardo Ángel. *Derechos Humanos y Garantías*. Buenos Aires: Editorial Plus Ultra, 1992.

SAMPAIO, Luiz Augusto Paranhos. *Comentários à Nova Constituição Brasileira*. São Paulo: Atlas, 1989. V. I.

SANJUANIT, Freixes. *Constitucion y Derechos Fundamentales*. Barcelona: Tecnos, 1992.

SANTOS, Marcelo Figueiredo dos. *Teoria Geral do Estado*. São Paulo: Atlas, 1993.

SARLET, Ingo Wolfgang. *A Eficácia dos Direitos Fundamentais*. Porto Alegre: Livraria do Advogado, 1998.

———. *Dignidade da Pessoa Humana e Direitos Fundamentais na Constituição Federal de 1988*. Porto Alegre: Livraria do Advogado, 2001.

———. (org. e co-autor). *Direito Público em Tempos de Crise: Estudos em Homenagem a Ruy Ruben Ruschel*. Porto Alegre: Livraria do Advogado, 1999.

———. (org. e co-autor). *A Constituição Concretizada: Construindo Pontes com o Público e o Privado*. Porto Alegre: Livraria do Advogado, 2000.

———. Os direitos fundamentais e sua eficácia na ordem constitucional. *AJURIS: Revista da Associação dos Juízes do Rio Grande do Sul*, Porto Alegre, v. 76, p. 365-396, 1999.

———. Os direitos fundamentais sociais na Constituição de 1988. *Revista de Direito do Consumidor*, São Paulo, v. 30, p. 97-124, 1999.

———. O direito à saúde: aspectos constitucionais. *ADV- Advocacia Dinâmica: Seleções Jurídicas*, São Paulo, p. 16 -23, 1999.

A Titularidade dos Direitos Fundamentais

———. O Estado Social de Direito, a proibição de retrocesso e a garantia fundamental da propriedade. *AJURIS: Revista da Associação dos Juízes do Rio Grande do Sul*, Porto Alegre, n. 73, p. 210-236, 1998.

———. Valor de Alçada e Limitação do Acesso ao duplo grau de jurisdição: problematização em nível constitucional, à luz de um conceito material de direitos fundamentais. *Revista de Informação Legislativa*, Brasília, v. 131, p. 5-30, 1996.

SARMENTO, Daniel. *A Ponderação de Interesses na Constituição Federal*. Rio de Janeiro: Lumen Juris, 2000.

SCHMITT, Carl. *Teoría de la Constitución*. Madrid: Alianza Editorial, 1982.

SEGADO, Francisco Fernandez. La teoria jurídica de los derechos fundamentales en la Constitución Española de 1978 y en su interpretación por el Tribunal Constitucional. *Revista de Informação Legislativa*, Brasília, v. 121, p. 69-102, 1994.

SENADO FEDERAL. *Direitos Humanos - Declarações de Direitos e Garantias*. 2 ed. Brasília: Subsecretaria de Edições Técnicas do Senado Federal, 1996.

SEVERINO, Antônio Joaquim. *Metodologia do Trabalho Científico*. 20 ed. São Paulo: Cortez, 1996.

SILVA, De Plácido e. *Vocabulário Jurídico*. 13 ed. Atualizado por Nagib Slaibi Filho e Geraldo Magela Alves. Rio de Janeiro: Forense, 1997.

SILVA, Guilherme Amorim Campos da; TAVARES, André Ramos. Extensão da Ação Popular enquanto direito político de berço constitucional elencado no título dos direitos e garantias fundamentais dentro de um sistema de democracia participativa. *Cadernos de Direito Constitucional e Ciência Política*, Rio de Janeiro, n. 11, p. 106-122, 1995.

SILVA, José Afonso da. A Dignidade da Pessoa Humana como Valor Supremo da Democracia. *Revista de Direito Administrativo*, v. 212, p. 89-94, 1998.

———. *Curso de Direito Constitucional Positivo*. 18 ed. São Paulo: Malheiros, 2000.

———. *Os Direitos Humanos no Brasil*. Rio de Janeiro: Instituto de Estudos Jurídicos, 1993.

SLAIBI FILHO, NAGIB. *Anotações à Constituição de 1988: Aspectos Fundamentais*. 3 ed. Rio de Janeiro: Forense, 1992.

SMEND, Rudolf. *Constitución y Derecho Constitucional*. Trad. José Maria Beneyto Pérez. Madrid: Centro de Estudios Constitucionales, 1985.

SOARES, Mário Lúcio Quintão. Direitos Fundamentais do Homem nos Textos Constitucionais Brasileiro e Alemão. *Revista de Informação Legislativa*, Brasília, n. 115, v. 29, p. 85-138, 1992 .

———. *Direitos Fundamentais e Direito Comunitário: por uma Metódica de Direitos Fundamentais Aplicada às Normas Comunitárias*. Belo Horizonte: Del Rey, 2000.

SODRÉ, Ruy de Azevedo. *Liberdades Fundamentais da Pessoa Humana*. São Paulo: S. N., 1955.

SOUZA, Nelson Oscar de. *Manual de Direito Constitucional*. 2 ed. Rio de Janeiro: Forense, 1998.

STEINMETZ, Wilson Antônio. *Colisão de Direitos Fundamentais e Princípio da Proporcionalidade*. Porto Alegre: Livraria do Advogado, 2001.

STRECK, Lenio Luiz. *As Interceptações Telefônicas e os Direitos Fundamentais*. Porto Alegre: Livraria do Advogado, 1997.

———. "Escuta Telefônica" e os Direitos Fundamentais: o Direito à Interceptação e a "Interceptação" dos Direitos. *Revista Jurídica*, Porto Alegre, v. 228, p. 5-14, 1996.

––––––. *Hermenêutica e(m) Crise: uma Exploração Hermenêutica da Construção do Direito*. 3 ed. Porto Alegre: Livraria do Advogado, 2001.

STUMM, Raquel Denize. *Princípio da Proporcionalidade no Direito Constitucional Brasileiro*. Porto Alegre: Livraria do Advogado, 1995.

SZABO, Imre. *Fundamentos Históricos de los Derechos Humanos*. Barcelona: Serbal/Unesco, 1984. V. 1.

TÁCITO, Caio. Proteção dos Direitos Fundamentais. *Cadernos de Direito Tributário e Finanças Públicas*, São Paulo, n. 6, p. 7-10, 1994.

TEMER, Michel. *Elementos de Direito Constitucional*. São Paulo: Revista dos Tribunais, 1990.

TOMELIN, Georghio Alessandro. A Quadratura dos Direitos Fundamentais nos Diferentes Círculos Judiciais de Eficácia: Brasil, Alemanha. *Cadernos de Direito Constitucional e Ciência Política*, São Paulo, n. 29, p. 166-177, 1999.

TORRES, Ricardo Lobo. O Mínimo Existencial e os Direitos Fundamentais. *Revista de Direito da Procuradoria-Geral do Rio de Janeiro*, Rio de Janeiro, n. 42, p. 69-78, 1990.

––––––. *Teoria dos Direitos Fundamentais*. 2 ed. Rio de Janeiro: Renovar, 2001.

TRAVESSO, Juan Antonio. *Historia de los Derechos Humanos y Garantías*. Buenos Aires: Heliasta, 1993.

TRIBE, Laurence; DORF, Michael. *How not the Read the Constitution*. Cambridge- Massachusetts: Harvard University Press, 1992.

TRINDADE, Antônio Augusto Cançado. *Tratado de Direito Internacional dos Direitos Humanos*. Porto Alegre: Sérgio Antônio Fabris Editor, 1997. V. I .

––––––. *A Proteção Internacional dos Direitos Humanos*. São Paulo: Saraiva, 1991.

U.S. SUPREME COURT. *The Evolving Constitution: Essays on the Bill of Rights and the Supreme Court*. Middletown, Conn., USA: Wesleyan University Press, 1987.

VANOSSI, Jorge Reinaldo A. *El Estado de Derecho en el Constitucionalismo Social*. Universitaria de Buenos Aires, 1987.

VASAK, Karel. *The International Dimensions of Human Rights*. Paris: UNESCO, 1982.

VELLOSO, Carlos Mário da Silva. Reforma constitucional, cláusulas pétreas, Especialmente a dos Direitos Fundamentais, e a Reforma Tributária. *Revista de Direito Tributário*, São Paulo, v. 69, p.208-228, 1996.

VIDIGAL, Geraldo de Camargo. Direitos e Garantias Fundamentais, na Revisão Constitucional. *Cadernos de Direito Tributário e Finanças Públicas*, São Paulo, n. 6, p. 11-15, 1994.

WALD, Arnoldo. Sigilo Bancário e os Direitos Fundamentais. *Cadernos de Direito Tributário e Finanças Públicas*, São Paulo, v. 22, p. 15-31, 1998.

WEFORT, Francisco. *Por que Democracia?* São Paulo: Brasiliense, 1984.

WIJENBERG, Fanny Reich. O Direito Político em Face das Multinacionais, das Relações Diplomáticas e dos Direitos Fundamentais do Homem. *Revista Forense*, Rio de Janeiro, v. 290, p. 512-525, 1985.

WILLOUGHBY, Westel. *The Constitutional Law of the United States*. New York: Woodbury Press, 1992.

WOLKMER, Antônio Carlos. *Constitucionalismo e Direitos Sociais no Brasil*. São Paulo: Acadêmica, 1989.

––––––. *Elementos para uma Crítica do Estado*. Porto Alegre: Sérgio Antônio Fabris Editor, 1990.

A Titularidade dos Direitos Fundamentais

ZAVASCKI, Teori Albino. Antecipação de Tutela e Colisão de Direitos Fundamentais. *Revista Forense*, Rio de Janeiro, v. 339, p. 175-189, 1997.

———. Direitos Fundamentais de Terceira Geração. *Revista da Faculdade de Direito da Universidade Federal do Rio Grande do Sul*, Porto Alegre, v. 15, p. 227-232, 1998.

Impressão:
Evangraf
Rua Waldomiro Schapke, 77 - P. Alegre, RS
Fone: (51) 3336.2466 - Fax: (51) 3336.0422
E-mail: evangraf.adm@terra.com.br